Karam Khella
Die Menschen bei Marx

Kritik des Marxschen
Geschichts-, Welt- und Menschenbildes

Karam Khella

Karl Marx

Leben und Werk

Eine Marxismuskritik und Theorierevision

ISBN des Gesamtwerkes 978-3-921866-60-3

Band 3

Die Menschen bei Marx

Kritik des Marxschen Geschichts-,
Welt- und Menschenbildes

Karam Khella

Die Menschen bei Marx

Kritik des Marxschen Geschichts-, Welt- und Menschenbildes

Universalismus versus Marxismus

Zwei Makrotheorien im Vergleich

Zwei Denksysteme im Kontrast

Khella, Karam:
Die Menschen bei Marx – Kritik des Marxschen Geschichts-, Welt- und Menschenbildes
Karam Khella – Hamburg: Theorie-und-Praxis-Verlag
ISBN 978-3-921866-66-5

– 2. Auflage – 2021

Theorie und Praxis Verlag
Goldbachstr. 2
D 22765 Hamburg
Tel.: 040 - 38 61 38 49
info@tup-verlag.com

In französischer Übersetzung erschienen unter dem Titel:
Les hommes chez Marx,
Theorie und Praxis Verlag, 1. Auflage Hamburg 2012
ISBN 978-3-939710-17-2

Inhalt

Beachte bitte die Inhaltsübersichten am Anfang der einzelnen Kapitel und Unterkapitel

Die Menschen bei Marx in 12 Teilen

Zur Gliederung:

Teil 1 – Einführung

Teil 2 – Anthropologie

Teil 3 – Das Marxsche philosophische System

Teil 4 – Geschichte

Teil 5 – Ökonomik

Teil 6 – Gesellschaft

Teil 7 – Staat

Teil 8 – Eurozentrismus

Teil 9 – Revolutionstheorie

Teil 10 – Praxis

Teil 11 – Rezeption

Teil 12 – Hermeneutik

Sonderverzeichnis zur Anthropologie und zur Marxschen Lehre vom Menschen

Marxsche Anthropologie (1)
Einführung

Marxsche Anthropologie (2)
Das Menschenbild von Karl Marx im Kontext seines philosophischen Systems

Marxsche Anthropologie (3)
Die Ökonomik Marx' und ihr Einfluß auf sein Menschen-, Welt- und Geschichtsbild

Marxsche Anthropologie (4)
Das Menschenbild von Karl Marx im Kontext seiner Revolutionstheorie
Revolutionäres Subjekt
Historisches Subjekt
Wer macht die Geschichte?

Marxsche Anthropologie (5)
Die Marxsche und die Universalistische Anthropologie im Kontrast
Wer ist das historische und revolutionäre Subjekt?
Wer macht die Geschichte?

Fazit: Die Marxsche Lehre vom Menschen und universalistische Antithesen

Vorwort

Im vorliegenden Werk ging es dem Autor nicht um Marx, sondern um den Menschen hier und jetzt. Die „Menschen bei Marx“ interessieren uns als „Menschen von heute“.
Wir alle stehen täglich vor Situationen, in denen wir Entscheidungen treffen müssen, um richtig handeln zu können.
Fragen der Theorie sind, wenn sie richtig aufgefaßt werden, praktische Fragen. Der gesunde Menschenverstand lebt nicht in einer Welt von Abstraktionen, die von der Realität abgekoppelt wäre. Daß es trotzdem Menschen gibt, die in Abstraktionen schweben und den Bezug zur Wirklichkeit graduell verlieren, ist – gerade im akademischen Bereich – keine Seltenheit. Die Verantwortung für diese Pathologie haben unter anderem eine Fehlauffassung von Theorie und eine falsche Beziehung zur Realität zu tragen.

Karl Marx (1818-1883) lebte, wirkte und schrieb im vorletzten Jahrhundert. Dabei übt er heute noch einen nicht geringen Einfluß aus – mit all den positiven und negativen Auswirkungen seines Gedankengutes.

Das vorliegende Buch habe ich über die *„Menschen bei Marx“* für die *„Menschen von heute“*, für Sie also, meine verehrten Leserinnen und Leser, geschrieben.

Möglicherweise wird mensch denken, ich habe ein theoretisches Werk geschrieben. So formuliert wäre es nur die halbe Wahrheit. Theorie, richtig erörtert, ist eine Frage von höchster praktischer Bedeutung. Ohne Theorie zu leben liegt nicht weit davon ab, ohne Verstand durch die Welt zu ziehen. Niemand darf auf Theorie verzichten.

Eine ausschließlich theoretische Abhandlung wäre für die Leserschaft und für den Autor selbst viel zu unbefriedigend. Die Auseinandersetzung mit Marx dient zum einen dazu, unsere eigene Theoriebildung zu prüfen und auf eine korrekte Basis zu stellen. Andererseits ist eine Theoriearbeit um ihrer selbst Willen nicht nur praxisfern, vielmehr beruht sie auch auf einer Fehlauffassung von Theorie.
Jawohl! Sie haben gerade ein theoretisches Werk in der Hand, und doch möge in allem der Praxisbezug festgestellt werden. Mein Anliegen ist, dem Bedürfnis nach theoretischer Klarheit und bewußter Praxis nachzu-

gehen. Meine Hoffnung ist, daß Leserinnen und Leser dieses Werk als Hilfe empfinden. Der Autor war sehr darum bemüht, die Anleitung zum Handeln in den Mittelpunkt des Interesses zu stellen.

Die hiermit in schriftlicher Form vorliegenden Vorlesungen, die nunmehr der breiten interessierten Öffentlichkeit zugänglich gemacht werden, sind bestrebt, die Brücke zur aktuellen Lage zu schlagen. Sie erheben den Anspruch, nicht bei Marx stehen zu bleiben, vielmehr auch eine *gegenwartsbezogene, praxisorientierte* Analyse zu liefern.
Fragen der Theorie sind praktische Fragen von großer Bedeutung.

Beim Lesen der folgenden Seiten werden Sie ständig mit Thesen und Antithesen konfrontiert. Wägen Sie ab! Lassen Sie sich Zeit, soviel wie eine Wahl zwischen den Alternativen braucht.

„Die Menschen bei Marx“ ist aus einer Vorlesungsreihe und Seminarsequenz hervorgegangen. Diese Entstehungsgeschichte erklärt, dass gelegentlich Wiederholungen vorkommen. Bei der Endlesung des Manuskripts habe ich oft darauf verzichtet, das Doppel zu streichen, wenn es zum besseren Verständnis der vorliegenden Seite beiträgt. Auf jeden Fall bittet der Autor, Wiederholungen zu entschuldigen.

Allen Leserinnen und Lesern wünsche ich ebenso viel Nutzen wie Freude durch die Lektüre.

Hamburg 2012

Karam Khella

Einleitung

Wir wissen, welche große Faszination der Marxismus auf seine Anhänger und Sympathisanten ausübte. Ihnen schien das „*Kapital*" von Marx von unwiderlegbarer Überzeugungskraft zu sein. Der Geschichtsprozeß gebe Marx und dem Marxismus recht.
Der Zusammenbruch des Realsozialismus um 1990 hat viele Marxisten aus der Euphorie geweckt und zum Nachdenken gebracht. En Revanche gibt es zur Zeit Versuche zur Wiederbelebung des Marxismus. Zwar ist kaum mehr damit zu rechnen, daß Marx und der Marxismus-Leninismus je den Höhenflug wieder erreichen würden, den sie in den 1970ern hatten, dennoch sind die Chancen einer Renaissance nicht gering. Die Gründe dafür liegen nicht allein im Mythos Marx. Die Rückkehr und Hinwendung zum Marxismus werden maßgeblich durch das theoretische Vakuum begünstigt. Als hätte der Marxismus keine Alternative.

Unsere eigene Marx-Kritik ist viel älter und völlig unabhängig von der Wende der Jahre 1989-91. Eine solche Wende wäre auch nie ein Grund zur Revision einer Theorie gewesen, wäre sie richtig und haltbar.
Es fragt sich, warum eigentlich der Marxismus in gewissen Kreisen – nach einer Phase von Ernüchterung und Nachdenklichkeit – doch wieder eine, wenn auch relativ begrenzte, Renaissance erlebt. Motiviert wird die Wiederbelebung des Marxismus ganz eindeutig damit, daß wohlmeinende Menschen ihre Hoffnungen und politischen Ideale in den Marxismus projizieren. Das sind aber genau die Gründe, weshalb gesellschaftspolitische Bewegungen, die anfangs machtvoll und vielversprechend begonnen haben, sehr bald schmerzliche Zusammenbrüche erleben mußten und tief sitzende Enttäuschungen hinterlassen haben, von denen sich die Menschen bis heute nicht erholt haben. Viel zu oft hört und liest man den Spruch, der Marxismus sei richtig, die Anwendung war falsch gewesen. Diese Einstellung ist wahrlich weder tröstlich noch befreiend. Sie zeigt nur, wie tief die Marxismusillusion in den Köpfen sitzt.
Das politische Vakuum ist nicht erst seit dem Niedergang des Marxismus aufgetreten; es ist viel älter als der Marxismus. Das theoretische Vakuum ist nur deutlicher und erschreckender nach den Zusammenbrüchen des Realsozialismus und des Eurokommunismus in Erscheinung getreten. Dem Marxismus gelang es lange Zeit, dieses Vakuum zu nutzen. Er konnte in eine real bestehende theoretische Leere eindringen und sie scheinbar ausfüllen. Er vermochte es, die Sehnsüchte der Menschen zu stillen. Das

Fehlen einer überlegeneren Alternative kam ihm zugute. Im Gegenzug verhinderte der Marxismus das Aufkommen einer Alternative.
Parallel zu dem Rückschlag in weltweitem Einfluß des Marxismus gab es zunächst eine breite Enttäuschung. Mit Recht, meine ich, denn die Hoffnungen vieler Menschen und Völker haben sich nicht erfüllt.
Noch erdrückender ist die Enttäuschung durch die Feststellung, daß in der ideologisch gespaltenen Welt nicht das gewalttätige ausbeuterische kapitalistische System, sondern der realsozialistischen Osten Europas kollabierte.
Es brach nicht der imperialistische Westen, sondern der fortschrittlichere Osten zusammen.
Festzustellen ist aber auch, daß der Realsozialismus nur in Europa zerfallen ist und in keinem einzigen sozialistischen Staat außerhalb Europas. Im Gegenteil. Das Ende des Marxismus hat den Weg für viele Alternativen und gesellschaftliche Utopien freigelegt und ihnen eine Chance gegeben, sich zu entfalten.

Damit ist allerdings das Problem der Theoriebildung nicht befriedigend und nicht bleibend gelöst. Nach wie vor besteht ein dringender Bedarf nach Theorie.
Weiterhin gilt es:
Ohne revolutionäre Theorie keine revolutionäre Praxis.
Auf diesen Lenin zugeschriebenen Spruch muß jedoch eine zweite Strophe folgen:
Ohne richtige Theorie keine richtige Praxis.

Unsere Kritik an Marx und dem Marxismus verstehen wir als einen konstruktiven Beitrag zur Theoriebildung und zur Orientierung in der Praxis. Darum sind wir stets bemüht, nicht nur aufzuzeigen, was falsch ist, sondern wie es richtig sei oder wie es berichtigt werden soll.

Teil 1 – Einführung

Erstes Kapitel

Entwicklung und Erkenntnisweg von Karl Marx – Das Werden des Theoretikers

Inhaltsübersicht

1. Daten
2. Kurzbiographie
3. „Frühmarx“ und „Spätmarx“
4. Das Marxsche Werk – Schriftliche Arbeiten
5. Geschichtsauffassung
6. Politische Ökonomie und Wirtschaftstheorie
7. Stationen der Marxlegende

Daten

Karl Heinrich Marx,
geboren am 5. Mai 1818 in Trier,
gestorben am 14. März 1883 in London.

Kurzbiographie

Marx und Engels waren – unabhängig voneinander – zunächst begeisterte Hegelianer. Nach der Spaltung der Hegelschule schlossen sie sich dem linkshegelianischen Flügel an. Hierbei handelt es sich nicht um organisatorische Formationen, sondern um Strömungen unter Intellektuellen.
In der ersten Hälfte der 1840er studierte Marx das Werk Ludwig Feuerbachs (1804-1872), insbesondere „Das Wesen des Christentums (1841)“. Dadurch gelangte Marx zum Materialismus. Indes war ihm der Feuerbachsche „anschauende Materialismus“ nicht konsequent genug. Dazu entwarf er die „Thesen über Feuerbach (Frühjahr 1845)“. Darin brachte

Marx einige programmatische Aussagen, in denen er eine Vorausplanung seines philosophischen Arbeitsprogramms ankündigt, zum Ausdruck. Marx nahm sich vor, den Weg, den Feuerbach nur halb beschritten hat, zu Ende zu führen. Wie wir sehen, hat Marx dieses Vorhaben nicht, zumindest nicht gemäß Ankündigung, eingelöst. Er ging einen ganz anderen Weg. Statt des philosophischen Materialismus widmete er sich der Kritik der politischen Ökonomie.

In der zweiten Hälfte der 1840er lernten sich Marx und Engels kennen. Beide haben sich für systemoppositionelle Gruppen interessiert. Sie sind dem „Bund der Gerechten" beigetreten. Unklar ist ihre eigentliche Motivation. Mit welcher Absicht sind die beiden jungen Intellektuellen in diesen radikal revolutionären Zusammenhang gegangen. Nach ihrer Aufnahme hat es jedenfalls noch lange gedauert, bis der Bund der Geächteten aufgelöst wurde. Die beiden sind danach Mitglieder des ebenfalls revolutionären Bundes der Gerechten geworden. Aus der genaueren Lektüre des dritten Bandes der MEW ergibt sich wohl, daß Marx und Engels sich dem Bund der Gerechten in der vorsätzlichen Absicht angeschlossen haben, ihn von innen her zu sprengen. Dieses Ziel konnten sie mit Erfolg durchsetzen.[1]
Im Anschluß daran wurde der „Bund der Kommunisten" ins Leben gerufen, der vier Jahre nach seiner Gründung ebenfalls auf Antrag von Marx gesprengt worden ist.
Der „Bund der Gerechten" und der „Bund der Kommunisten" waren aber die beiden wichtigsten revolutionären Organisationen in Deutschland des 19. Jahrhunderts. Bei dieser Frühstation des Wirkens von Marx und seinem Freund Engels stellen sich bereits Fragen nach ihrer Motivation. Warum mußten Zusammenhänge, in denen sie nicht verbleiben wollten, aufgelöst werden. Im Normalfall sollten sie austreten, aber andere arbeiten lassen. War Marx' Handeln gegen diese Organisationen revolutionär oder konterrevolutionär?

Schon immer gab es Interessengruppen, die Marx für ihre Zwecke gewinnen konnten. Sehr bald vermochte er es, hohe Positionen in der großbürgerlichen Medienlandschaft zu bekleiden. Nach Beendigung seines Studiums der Rechtswissenschaften brachte die Bourgeoisie ihn an die Führung der Meinungs- und Willensbildung, indem Marx die Redaktionsleitung der „Rheinischen Zeitung", später der „Neuen Rheinischen Zeitung" anvertraut wurde.

---

[1] Marx-Engels-Werke, Bd. 3 (MEW 3).

„Frühmarx“ und „Spätmarx“

Der Versuch, Marx als eine einheitliche Persönlichkeit und als einen widerspruchslosen Theoretiker darzustellen, wie es realsozialistische Autoren taten und Marxisten heute noch tun, kann nicht ohne hermeneutische Vergewaltigung erfolgen, umso mehr als weiterhin versucht wird, Marx und Engels inhaltlich identisch zu präsentieren.

Wir müssen einen „Frühmarx“ und einen „Spätmarx“ unterscheiden, wobei sich die Wende in der zweiten Hälfte der 1840er Jahre vollzogen hat. Die Frühschriften von Marx – Kritik der Hegelschen Dialektik und Philosophie, Zur Judenfrage, Deutsche Ideologie, Pariser Manuskripte, Thesen über Feuerbach – lassen keine eigentlich politisch-ökonomische Motivation oder gar Orientierung erkennen.

Die Marxschen Thesen über Feuerbach (Tagebucheintragung von Marx in Brüssel im Frühjahr 1845, nicht aber zu seinen Lebzeiten publiziert) kündigen die Absicht an, daß Marx die Theorie des Materialismus, die Feuerbach nur „halb“ geleistet habe, vervollkommnen will. Was ist aus diesem Plan geworden? Marx ließ ihn völlig liegen. Das Skript schlummerte in der Schublade bis Engels es erst nach dem Tod seines Freundes entdeckt hat.

Seit der Mitte der 1850er widmete sich Marx der Politischen Ökonomie. Seit der frühen 1860ern hat er fast ausschließlich wirtschaftstheoretische Forschung geleistet. Statt den philosophischen Materialismus zu entwikkeln und auszubauen, ist Marx zum reinen Nationalökonomen geworden. Zweifellos bildet der Materialismus nach wie vor den Hintergrund seiner Gedankengänge. Er ist jedoch nicht mehr von ihm planmäßig ausgearbeitet und zu einem vollständigen System ausgebaut worden. Das haben spätere Marxisten getan. Diese sammelten die verstreuten Äußerungen von Marx und Engels und ordneten sie zu einer zusammenhängenden Theorie, wobei sie nicht nur Lücken ausgefüllt, sondern den Hauptanteil selbst beigetragen haben. Eigentlich war es Josef Stalin, der eine Systematik des marxistischen historischen Materialismus aufstellte, Marx jedoch als Urheber der Theorie vorstellte.

Durch die Kanonisierung von Marx und seinem Werk durch spätere Autoren gewann er eine einzigartige Stellung in der Geistesgeschichte. Mit der von uns ausgeführten Konkretisierung seien Grenzen der Innovation und Originalität des marxeigenen Beitrags herausgestellt.

Im Jahr 1844 studierte Marx das Prolegomenon von Ibn-Ḫaldūn in französischer Sprache während seines Pariser Aufenthalts. Ibn-Ḫaldūn wird weder von Marx noch Engels an irgendeiner Stelle namentlich erwähnt.

Die Parallelen sprechen indes eine eindeutige Sprache. Unter dem Einfluß Ibn-Ḫaldūns sind die „Philosophisch-ökonomischen Manuskripte" (1844) von Marx geschrieben worden. Mit ihnen gewinnt der Erkenntnisweg Marxens eine deutliche Wende.
Ibn-Ḫaldūn hat es verstanden, unterschiedliche Facetten der Realität zu einer zusammenhängen Sichtweise zu integrieren. Seit seiner frühen Rezeption übt Ibn-Ḫaldūn großen Einfluß auf die Entwicklung der Wissenschaften in Europa bis hin zur Entstehung des Dialektischen und historischen Materialismus und zur Entwicklung der Geschichts- und Sozialwissenschaften.
Die berufliche Tätigkeit Marxens als Journalist zwang ihn nach eigenen Angaben dazu, sich mit ökonomischen Fragen, für die er von seiner Ausbildung her als Jurist nicht vorbereitet war, zu beschäftigen. Währen der ersten Hälfte der 1850er hat sich der Schwerpunkt der Marxschen Studien auf die Ökonomie verlagert. Auf der öffentlichen Tagesordnung standen tarifliche Auseinandersetzungen. Presseorgane, insbesondere die Rheinische Zeitung, wandten sich an Marx, die Lohnkämpfe aufzugreifen und journalistisch zu präsentieren. Der Medienbedarf war rein praktisch orientiert und auf die aktuelle Situation bezogen. Dazu sollte Karl Marx schreiben. Statt die Lohnfrage und Tarifkonflikte journalistisch aufzubereiten, folgte Marx seiner eigenen Motivation. Er beschränkte sich nicht auf die praktischen, tagespolitischen Fragen, vielmehr war er bestrebt, die Ökonomie theoretisch zu erfassen. In allem, was Marx schrieb, stehen tatsächlich die Theoriebildung und das akademische Interesse im Hintergrund. Marx begann, sich mit Wirtschaftstheorien zu befassen, bis er sich eine eigene Position bildete. Schließlich ist Marx ein Nationalökonom geworden.

Mit der Schrift „Lohnarbeit und Kapital" stellt sich ein neuer Marx vor: Der Polit-Ökonom, welcher er auch bis zum Ende seines Lebens geblieben ist.
Allerdings zeigt „Lohnarbeit und Kapital" den eigentlichen Hintergrund für die politisch-ökonomische Karriere Marxens und warum Kapitalkreise Interesse daran hatte, daß die Rheinische Zeitung und die Neue Rheinische Zeitung durch die Redaktion von Marx sich fachlich über die Lohnfrage äußern. Die heftigen Lohnkämpfe mußten auch theoretisch in die Defensive gedrängt werden. Marx war gegen Lohnerhöhungen und Lohngerechtigkeit. Den gerechten Lohn gibt es nicht, sagt Marx. Zu diesem Zweck hielt Marx seine spektakuläre Rede (17. Juni 1865), die später gedruckt wurde unter dem Titel „Lohn, Preis und Profit".

Gewiß, das meine ich auch: Es gibt nicht den gerechten Lohn. Gleichwohl ist die Forderung nach „gerechtem Lohn“ richtig – als Begründung für Lohnausgleich gegen Teuerung und Inflation. Es ist durch und durch arbeiterfeindlich, den Lohnabhängigen mit einer akademischen Argumentation in den Rücken zu fallen.
Marx war sicher ein fleißiger Autor, war jedoch kein einsamer Stubengelehrter, sondern mit der aktuellen Situation stets verbunden. Er gab Weisungen, die er über Reden und Medien verbreitete. Damit übte er öffentlichen Einfluß aus. Welche Auswirkungen seine theoretischen Positionen hatten, sehen wir real z.B. an den Arbeiterkämpfen des Jahres 1865. Marx hat seine Einstellung unmißverständlich dargelegt. Ihm und seiner Lobby gelang es, den damaligen Aufstand gegen das kapitalistische Lohnsystem buchstäblich zu sabotieren. Darin besteht der Kern der Marxschen Tragödie. Mit seiner Theorie und ihrer Propagierung ist Marx zu einem wichtigen theoretischen Begründer des Kapitalismus geworden. Zu den wichtigsten Grundsätzen der Marxschen Lehre gehört die Forderung: *Der Kapitalismus müsse sich voll entfalten.* Dazu trug Marx maßgeblich bei. Seine Begründung: *Erst dann lasse sich der Sozialismus verwirklichen.*
Das politische Leben Karl Marx’ zeichnet sich durch seinen Meinungskrieg gegen prominente Denker seiner Epoche aus. Auch gegen zeitgenössische integre Revolutionäre polemisierte Marx sehr heftig. Nicht in jedem Fall wahrte Marx das Prinzip der intellektuellen Redlichkeit. Seine Polemik sollte die Isolierung von Sozialisten und Arbeiterführern, die während seiner Lebenszeit aktiv waren, bewirken. Durch seine akademische Ausbildung und gefeilte Rhetorik war es ihm ein Leichtes, sie außer Gefecht zu setzen. Wir halten es für notwendig, integre Persönlichkeiten, z.B. Wilhelm Weitling (1808-71), zu rehabilitieren. Er wurde durch Marx und Engels kaltgestellt. Für die Herausbildung einer revolutionären Bewegung in Deutschland des 19. Jahrhunderts, hätte Wilhelm Weitling eine tragende Kraft werden können, wäre er von Marx nicht an die Wand gedrückt worden. Die erhaltenen Briefe zeigen, wie sehr Weitling unter der Marxschen Kampagne gelitten hat. Ähnlich erging es Ferdinand Lassalle (1825-64) und anderen.[2]

[2] Beachte bitte unsere ausführliche Marx-Biographie: Khella, Mythos Marx – Eine Geschichts- und Theorierevision, Hamburg 1995. Dort sind die Abhandlungen von Karl Marx in den Kontext seiner Lebensgeschichte eingegliedert. („Mythos Marx“ ist auch in französischer Übersetzung von Jürgen Brankel verfügbar).

Das Marxsche Werk – Schriftliche Abhandlungen
Marx betätigte sich beruflich als Redakteur und Journalist. Er schrieb für verschiedene Zeitungen. Sicher waren seine Aufsätze durch das Motiv geprägt, das zu schreiben, was die Herausgeber des Organs veröffentlichen wollen. Darum wollen wir die Bedeutung dieser Zeitungsartikel stark relativieren, wenn wir die eigentlichen Positionen und Thesen von Karl Marx feststellen und systematisch darstellen wollen.
Zwei Hauptbereiche bilden das Hauptwerk von Karl Marx: Zum einen die Geschichtsauffassung oder umfassender formuliert „Dialektischer und historischer Materialismus", zum anderen die Wirtschaftstheorie.

Die Geschichtsauffassung
Jedes Schrifttum ist durch das Geschichtsbild seines Autors unmittelbar geprägt. Gleichwohl ist die Mehrheit der Autoren nicht ihres eigenen theoretischen Ansatzes bewußt. Viele Autoren haben wenn überhaupt nur ein schwach profiliertes Geschichtsbild. Wer über kein präzises Geschichtsbild verfügt, vermag auch nicht, eines zu vermitteln. Bei diesen fehlt die Wissenschaftstheorie zum historischen Herangehen. Fehlt das methodologisch bewußte historische Herangehen an den Gegenstand, so ist ein integriertes Verständnis von Geschichte nicht gewährleistet. Was übrig bleibt ist eine rein formale Chronik von Ereignissen.

Darum sollte alle Kritik mit der Beurteilung des Geschichtsbildes des Autors beginnen. Denn das historische Herangehen ist stets – bewußt oder unbewußt – ein prägender Faktor des Denkens.
Der erste Schritt einer ärztlichen Untersuchung beginnt mit der Anamnese. Dieser notwendige Schritt gilt nicht nur für die Medizin, sondern für jede Untersuchung, wenn sie korrekt ablaufen soll.
Dieser Tatsache war sich auch Karl Marx bewußt. Er bemühte sich um die Konstituierung einer eigenen Geschichtsschau und war der Meinung, dieses geleistet zu haben. Seinem Ansatz gab er den Namen „materialistische Geschichtsauffassung".
Es ist daher nicht möglich, den Marxismus ohne genauere Kenntnis des dialektischen und historischen Materialismus Marxscher Prägung zu verstehen.
Im Sprachgebrauch werden die Begriffe „Marxismus", „Dialektischer und historischer Materialismus" und „Marxistische Philosophie" oft als Synonyme verwendet. Das ist nicht unberechtigt. Sie sind nicht identisch, aber sie überschneiden sich inhaltlich. Jeder von ihnen hat seine eigene

spezifische Eingrenzung. Andererseits würde man keine scharfen Unterschiede zwischen diesen drei Ausdrücken feststellen können. Im marxistischen Diskurs werden sie oft als gleichbedeutend, zumindest sinnverwandt verwendet. Im Sinne dieser Erläuterung behandeln wir im vorliegenden Werk den „Dialektischen und historischen Materialismus“, das theoretische System und den methodischen Rahmen des Marxismus, mit der gebührenden Ausführlichkeit und der gebotenen Kritik.

Politische Ökonomie und Wirtschaftstheorie
Der zweite Schwerpunkt des intellektuellen Lebens und literarischen Produktes von Karl Marx ist die „Wirtschaftstheorie“.
Marx begriff die kapitalistische Entwicklung, also seine eigene Lebensepoche, als die Fortsetzung eines nomistischen Langzeitprozesses. Überhaupt verstand er die Menschheitsgeschichte als einen gesetzmäßigen Ablauf, der der Produktivkraftentwicklung gehorcht.
Dieses theoretische System werden wir an geeigneter Stelle darlegen und näher erläutern.

Stationen der Marxlegende:
1. Friedrich Engels hat unmittelbar nach Marx' Tod den Freund zu stilisieren begonnen. Indes hat Engels einen in jeder Hinsicht konstruktiven Beitrag durch die Sorge für die Herausgabe des noch nicht publizierten Nachlasses von Karl Marx geleistet. Engels wurde dabei maßgeblich von Karl Kautsky unterstützt.
2. Lenin knüpft an die Legende an, die von Engels konstruiert wurde.
3. Mehring schreibt vom Ambiente eines bereits etablierten Marx-Mythos. Er lobte Marx sehr, ist aber gemäßigt geblieben, vergleichen wir ihn mit dem Marxbild, das später vom Realsozialismus geschaffen wurde.
4. Rosa Luxemburg wird von fundamentalistischen Marxisten angegriffen. Ihre wird vorgeworfen, wesentliche Punkte des Marxschen Werkes in Frage gestellt zu haben.
5. Rosa Luxemburg bleibt bei ihren Thesen, wehrt sich jedoch kraftvoll gegen die Vorwürfe. Sie bestreitet es, Marx in Frage gestellt zu haben und greift die Kritiker als „Epigonen“ an. Rosa Luxemburg verteidigt sich selbst als wahre Marxistin.
   Dazu meine ich (K.K.), Frau Luxemburg hat tatsächlich wesentliche Punkte der Marxschen Theorie widerlegt – mit Recht. Offensichtlich

war der Marxmythos zu stark, um öffentlich zerstört zu werden.
6. Mehring lobt Clara Zetkin-Zundel als wahre „Erbin marxistischen Geistes“.
   Daran ist die Kanonisierung Karl Marx zu erkennen.

Es gab jedoch nicht nur die marxgläubige Linke.

Marx' zeitgenössische Autoren betrachteten ihn eher mit Skepsis. Das bestätigen die von Wilhelm Weitling erhaltenen Briefe, aber auch die Einschätzungen von Überlebenden der Pariser Commune.
Der Mythos Marx ist ziemlich alt, entstand aber erst nach seinem Tod und wuchs von da an stetig.

Teil 2 – Anthropologie

Das Menschenbild als Kernfrage der Philosophie

Die Anthropologie als Prüfstein einer jeden Weltanschauung

Am Anfang war die Vernunft.
Die Vernunft wurde Mensch.
Der Mensch verfügt über Bewußtsein und Sein.

Die Kernfrage aller Philosophien, Wissenschaften und Kulturformen ist der „Mensch". Jede Sichtweise ist danach zu beurteilen, wie sie sich zur Frage „Mensch" steht. In seiner Universalität, Souveränität, Hoheit und Unteilbarkeit nach Hautfarbe, Geschlecht oder sonst einem angeborenen Merkmal ist der Mensch der Maßstab der Beurteilung einer jeden Weltanschauung.

Die Marxsche Anthropologie (1)

Einführung

Marx stellte ein geschlossenes Gedankengebäude auf. Es basiert auf einigen Grundaussagen, die Marx auf jede Erscheinung konsequent anwendet. Um eine korrekte Hermeneutik[3] des Autors zu erzielen, d.h. Marx so zu verstehen, wie er sich selber verstanden hat und verstanden haben wollte, und nicht wie andere oder wir selbst ihn darstellen, müssen seine Grundthesen stets gegenwärtig sein, und es muß klargemacht werden, und wie sie von Marx auf das jeweilige Phänomen, z.B. „Mensch“, „Geschichte“ oder „Revolution“, angewendet werden.
Eine Schlüsselthese Marxens, die als Ausgangsprinzip seines Denkens betrachtet werden kann, ist die Aussage, zunächst in Kurzform: „*Gesellschaftliches Sein bestimmt gesellschaftliches Bewußtsein*“. Andere Prinzipien sind die absolute Priorisierung der Ökonomie zur Erklärung gesellschaftlicher Erscheinungen und nicht zuletzt die klassenspezifische Betrachtung des Menschen und Menschseins.
Im Verlauf unserer Analyse des Marxschen Werkes werden wir uns bemühen, die Grundthesen des Marxschen Denkens sowohl abstrakt als auch angewandt vollständig zu erfassen.
Eine Monographie über den „Menschen“ hat Marx nicht verfaßt, seine verstreuten Äußerungen dazu ergeben aber eine klare Vorstellung von seinem Menschenbild.

3 Hermeneutik: Verstehen, der Versuch, einen Autor so zu verstehen, wie er sich selber verstanden hat und sich verstanden haben will.

Zweites Kapitel

Grundzüge der Marxschen Anthropologie

Hier erfolgt zunächst eine erste Bestandsaufnahme von Grundlagen des Menschenbildes von Karl Marx. Weiter unten erfolgt eine ausführlichere Darstellung seiner Anthropologie. Im Anschluß an die Analyse des philosophischen Denkens Marxens soll aufgezeigt werden, wie sich dieses auf sein Menschenbild auswirkt.
Somit sind wir mit einer doppelten Aufgabe konfrontiert: Zum einen das philosophische Denken Karl Marx', zum anderen sein Menschenbild aufzuarbeiten und kritisch zu analysieren.
Jede philosophische Aussage ist gleichzeitig eine anthropologische. Auch wenn der Diskurs nicht vom Menschen spricht, so ist er deshalb nicht weniger anthropologisch, denn der Betrachter ist stets der Mensch. Er kann die Dinge nur menschlich sehen und beurteilen. „Schweigen" zu einem Thema ist ein Sonderfall von Meinungsäußerung.
Marx hat sich über den Menschen geäußert. Aber auch dort, wo er sich nicht ausdrücklich auf den Menschen bezieht, lassen sich Konsequenzen auf sein Menschenbild ziehen. Auf dem Wege der Ermittlung des Marxschen Menschenbildes müssen wir zunächst sein philosophisches System darstellen und beides jeweils diskutieren.
Nachstehend führen wir Elemente an, welche als die Grundlagen des Marxschen Menschenbildes gelten:

Erstens – Mensch als Ensemble gesellschaftlicher Verhältnisse.
Marxens sechste These ad Feuerbach gilt als die Schlüsselaussage seiner Anthropologie:
„Der Mensch ist das Ensemble gesellschaftlicher Verhältnisse".[4]

Bei dieser Formulierung würde kaum jemand bestreiten, daß ein Mensch durch die gesellschaftlichen Verhältnisse geprägt wird. Insofern wäre es

[4] Die Thesen von Marx über Feuerbach, in: Khella, Mythos Marx, SS. 47-66, These 6 mit Kommentar, SS. 61-63.)

unredlich, sich auf die sechste These zu berufen, um Marx als den Entdecker eines gesellschaftsabhängigen Menschenbildes zu proklamieren. Unredlich sei auch, das Menschenbild Marxens allein an diese Stelle zu binden. Ob man die Marxsche Anthropologie akzeptiert oder grundsätzlich kritisiert, so muß man sie im Gesamtrahmen seiner Philosophie betrachten und aus dem vollständigen System seines Denkens ableiten.

Zweitens – Sein bestimmt Bewußtsein.
Später formulierte Marx das Prinzip, das für sein gesamtes Denken grundlegend wurde:
„Es ist nicht das Bewußtsein der Menschen, das ihr Sein, sondern umgekehrt, ihr gesellschaftliches Sein, das ihr Bewußtsein bestimmt“.[5]
Auf dieses Prinzip baut Marx seine gesamte Anthropologie auf.
Hier ist die Rede zwar vom „gesellschaftlichen Bewußtsein“, doch in Verbindung mit dem ersten Grundsatz (These 6 über Feuerbach) stellt der Mensch – als Individuum oder als Kollektiv – eine Zusammenfassung gesellschaftlicher Verhältnisse dar.

Drittens – Die Menschen gehen von ihrem Willen unabhängige Produktionsverhältnisse ein.
Marx fährt fort: „Auch die Nebelbildungen im Gehirn der Menschen sind notwendige Sublimate ihres materiellen, empirisch konstatierbaren und an materielle Voraussetzungen verknüpften Lebensprozesses“.[6]

Viertens – Der Mensch ist nicht Subjekt, sondern Objekt der Geschichte[7].
Im Verlauf seiner Ableitungen über einen Zeitraum von 40 Jahren verschärft Marx die Abhängigkeit des Menschen von seinem Sein. In diesem Rahmen bezeichnet er selbst sein System als „Materialistische Geschichtsauffassung“.

---

5 Karl Marx, Zur Kritik der politischen Ökonomie, (1859), hrsg. Berlin 1971, S. 15 (Vorwort).

6 Karl Marx, Friedrich Engels, Die Deutsche Ideologie (1845-46), MEW Bd. 3, hrsg. Berlin (DDR) 1969, S. 26.

7 Subjekt-Objekt-Beziehung: *Subjekt* ist der handelnde Mensch – als Kollektiv oder Individuum, der die Handlung bewirkt und zu verantworten hat. Gegenstück zum „Subjekt“ ist „Objekt“. Objekt ist der Gegenstand der Handlung.

Marx selbst hat keine Monographie zum Thema „Menschenbild“ bzw. „Anthropologie“ verfaßt. Nach unserer Universalistischen Erkenntnispyramide[8] prägt das jeweilige „Menschenbild“ alle Prozesse der Erkenntnis. Im Rückzug lassen alle Ausführungen Rückschlüsse auf das Menschenbild schließen. Jede Auseinandersetzung mit Marx müsse seine Einstellung zum Menschen deutlich charakterisieren.
Die Grundlagen des Menschenbildes Marxens sind in seiner Gesellschaftstheorie und Geschichtsauffassung angelegt. Diese wollen wir nachstehend referieren. Zunächst beantworten wir die Frage: Welches Gesellschafts- und Geschichtsverständnis hatte Marx. Im Anschluß daran leiten wir daraus Aspekte des Marxschen Menschenbildes ab. Diesen thematischen Komplexen geht das Kapitel über das „Marxsche Philosophische System“ voraus. Zunächst die Gesellschaftstheorie.

[8] Erkenntnispyramide in: Khella, Universalistische Erkenntnis- und Geschichtstheorie, Hamburg 2008, S. 29-37

Teil 3 – Das Marxsche philosophische System

Dialektischer und historischer Materialismus

Die Begriffe „Marxismus“, „Marxsche Philosophie“ und „Dialektischer und historischer Materialismus“ werden im praktischen Sprachgebrauch wie Synonyme behandelt. Sie sind es auch, zumindest gelten sie als teilidentisch.

Drittes Kapitel

Einführung in die Philosophie von Karl Marx

Inhaltsübersicht

1. Einleitung
2. Sehnsucht Materialismus
3. Materialismus versus Idealismus – Der Philosophische Scheideweg?
4. Wie sehen wir die Frage eines Gegensatzes von Idealismus und Materialismus?
5. Fazit

Einleitung

Vorab sei darauf aufmerksam zu machen, daß weder Marx noch Engels eine philosophische Monographie hinterlassen haben. Ebensowenig haben sie eine Systematik ihrer Philosophie hinterlassen. Zur Herausarbeitung der Marxschen Philosophie gehen wir wie folgt vor:

a) Die verstreuten relevanten philosophischen Äußerungen Marxens sammeln, ordnen, in einen Gesamtzusammenhang integrieren und daraus ein System ermitteln.
b) Den philosophischen Hintergrund seiner Einschätzungen und Analysen erschließen.
c) Aus der Polemik gegen andere Denker auf das eigene schließen.
d) Wie Engels als Lebensgefährte von Marx seinen Freund präsentiert.

Marx und Engels teilen die Philosophie in idealistische, die sie ablehnen, und materialistische, die sie sich zu eigen machen, ein.[9] Sie behaupten jedoch nicht, sie hätten diese Aufteilung selbst erfunden, wohl aber, daß sie dem Materialismus zu seiner Vollendung verholfen haben. Sowohl der Idealismus als auch der Materialismus haben eine längere Tradition; denn die Philosophie sei schon immer entweder „idealistisch" oder „materialistisch".

Sehnsucht Materialismus

Marx und Engels haben den Materialismus zur Grundlage ihrer gesamten Philosophie so erhoben, daß ihre Rezeption den „Marxismus" und den „Dialektischen und Historischen Materialismus" als Synonyme, zumindest teilidentisch, behandelt.

Materialismus versus Idealismus – Der Philosophische Scheideweg?

Wie gesagt lassen sich die Schulen der Philosophiegeschichte nach der Sicht Marx und Engels in die beiden großen Richtungen des „Idealismus" und des „Materialismus" einteilen, wobei sie sich selbst als unversöhnliche Gegner des Idealismus und entschiedene Anhänger des Materialismus proklamiert haben. Im gleichen Atemzug erklären sie den Materialismus zur Revolutionstheorie schlechthin.

> *„Je nachdem diese Frage so oder so beantwortet wurde, spalteten sich die Philosophen in zwei große Lager. Diejenigen, die die Ursprünglichkeit des Geistes gegenüber der Natur behaupten, also in letzter Instanz eine Weltschöpfung irgendeiner Art annahmen – und diese Schöpfung ist oft bei den Philosophen, z.B. bei Hegel, noch weit verzwickter und unmöglicher als im Christentum –, bildeten das La-*

[9] Friedrich Engels, Ludwig Feuerbach und der Ausgang der klassischen deutschen Philosophie (verfaßt Anfang 1886, drei Jahre nach dem Tod Marx'), MEW 21, 259 ff.

ger des Idealismus. Die andern, die die Natur als das Ursprüngliche ansahen, gehören zu den verschiednen Schulen des Materialismus."[10]

Die von Marx und Engels vertretene Auffassung, die Philosophie teile sich in materialistische und idealistische, ist formal – mit Vorbehalt – nicht falsch, aber extrem verkürzt und aus mehreren, theoretischen wie praktischen Gründen nicht hilfreich:
Die philosophischen Schulen sind viel zu mannigfaltig, als daß sie auf zwei Typen reduziert werden. Darüber hinaus gibt es zahlreiche Schulen, die sowohl materialistische als auch idealistische Elemente vereinen. Ferner können sich Materialisten und Idealisten sowohl in positiver als auch in negativer Hinsicht begegnen und kooperieren.
Idealismus ist durchaus imstande, eine progressive Funktion und opferbereite Einstellung haben. Ideen können eine motivierende und mobilisierende Kraft entfalten.
Materialismus kann vorübergehend an Bedeutung gewinnen und eine fortschrittliche Rolle spielen, z.B. im Angesicht der Dogmenherrschaft und der kirchlichen Gewalt in finsteren Perioden.

Praxisbezug: Aus dem Standpunkte der Praxis können im Widerstand gegen Imperialismus sowohl Materialisten als auch Idealisten Verbündete sein. In vielfacher Hinsicht und in wichtigen Fragen können sich Bewegungen an Humanisten, Gläubige, Religionslose, Agnostiker, Gnostiker, Materialisten, Idealisten und alle Menschen guten Willens wenden und sie um Unterstützung im Rahmen eines Bündnisses oder ohne organisatorische Bindung appellieren und auch Zuspruch erhalten.
Jedenfalls ist in der heutigen philosophischen und weltanschaulichen Diskussion eine Polarisierung in Materialismus contra Idealismus nicht mehr zweckmäßig. Es ist nicht hilfreich und auch nicht aktuell. Es liegt sekundär daran, daß die Überschneidungen und Überlappungen sehr stark sind. Der Anachronismus einer solchen Polarisierung war bereits zu Lebzeiten von Marx und Engels eingetreten. Bei seinem Bemühen, die Fronten in der zeitgenössischen Philosophie zu wahren, gerät Engels immer wieder in offensichtliche Verlegenheit, was in seiner Schrift „Ludwig Feuerbach und der Ausgang der klassischen deutschen Philosophie" sehr deutlich wird.[11]

---

[10] Friedrich Engels, Ludwig Feuerbach und der Ausgang der klassischen deutschen Philosophie (verfaßt Anfang 1886), MEW 21, 259 ff.

[11] Friedrich Engels, Ludwig Feuerbach und der Ausgang der klassischen deutschen Philosophie (1888), besonders Kapitel II.

Revolutionstheoretisch ist der eine – ob Materialismus oder Idealismus – nicht revolutionärer und nicht reaktionärer als der andere. Der Materialismus kann ebenso den Faschismus begründen wie der Idealismus fortschrittliche, revolutionäre Einstellungen und Handlungen. Vielleicht haben sogar die Idealisten die Materialisten an Opferbereitschaft, die Materialisten die Idealisten an Verbrechen gegen die Menschlichkeit übertroffen. Ebenso können Materialisten aus ideellen Motiven, wie Idealisten aus materiellen Interessen handeln.

Wie sehen wir die Frage eines Gegensatzes von Idealismus und Materialismus?

Aus meiner Sicht stellt eine Entscheidung über die Vorrangigkeit von „Geist oder Materie“ einen falschen Ansatz dar. Das wollen wir nachstehend noch genauer erläutern.

1. *Es gibt kaum eine idealistische Philosophie ohne materialistische Anteile und umgekehrt.*
   Marx selbst ist ein prominentes Beispiel dafür. Der Vertreter des Materialismus war viel idealistischer als er wahr haben möchte.
   Beispiele für den Marxschen Idealismus:
   a) Spekulative Sicht über die Endstationen der Geschichte, nämlich Sozialismus und Kommunismus.
   b) Der Glaube an einen Verschluß von Geschichte, der dazu führt, daß die Menschheitsgeschichte einen festgelegten Verlauf habe.
   c) Der „historische Determinismus“.
2. *Priorität von „Materie“ oder „Geist“:* Das von Marx und Engels zum Unterscheidungsmerkmal erhobene Prinzip der *„Priorität“* von „Materie“ oder „Geist“ reicht nicht aus, die Philosophien zu scheiden.
3. *„Schöpfungsmythos“ als Entscheidungskriterium:* Die These Engels, daß man an der Schöpfungsfrage die Systeme beurteilen soll, ist ein Fehlgriff. Die Evolutionstheorie allein eignet sich nicht als Kriterium, das über Idealismus oder Materialismus entscheidet. Engels selbst gerät in Widerspruch, indem er nicht definiert, was die Antithese zur Schöpfung sei.
   Es ist nicht mehr modern, daß aufgeklärte Theologen „Schöpfung“ und „Evolution“ synthetisieren. Wir nennen besonders die These vom „Urprogramm“. Demnach habe der Schöpfergott in die Urzelle ein Evolutionsprogramm hineingespeichert.

4. *Kosmogonien:* Die Geistesgeschichte liefert eine schier unüberschaubare Vielfalt von Kosmogonien, die viel weiter gehen als die von Engels willkürlich getroffene Polarisierung. Er demonstriert nur, wie begrenzt seine Vorstellungen über die Philosophie- und Geistesgeschichte waren.
5. *Das Sein ist ewig:* Undiskutiert wird überhaupt die entscheidende Frage, daß das Sein weder Anfang noch Ende hat. Die Vorstellung von einem hypothetischen Anfang des Seins schafft viel mehr Probleme als die These, daß das Sein ewig ist. Freilich war das Sein nie statisch und nicht an feste Form, wie die des gegenwärtigen Äons[12], gebunden.[13]
6. *Eine „Priorität" der Materie oder des Geistes (Idee usw.) ist gar nicht denkbar.* Es gibt weder die Materie ohne „Geist" noch umgekehrt. Die Materie ist intelligent, autonom, bewegungs- und entwicklungsfähig. Ihrem Entwicklungsstand analog ist ihre Sensibilität.

Fazit

Für Marx und Engels war der Idealismus schlechthin reaktionär, der Materialismus revolutionär. Geschichtlich gesehen muß hingegen die Bedeutung zahlreicher idealistischer Bewegungen im Kampf gegen Ausbeutung, Unterdrückung, Unrecht und Ungerechtigkeit gewürdigt und gebührend anerkannt werden.

Sehen wir einmal davon ab, daß sich Marx und Engels für die Priorität der Materie und die Sekundarität der Idee entschieden haben, so hielten sich beide doch an vorgegebene philosophische Traditionen. Die Frage, ob und warum es zu einem „Scheideweg" von Materialismus und Idealismus kommen muß, war in der Philosophiegeschichte zweitrangig. Es kann nicht als eine besondere philosophische Leistung gewertet werden, wenn Engels diese Scheidung zum Angelpunkt der Philosophie erhebt. Die Philosophie hat sich diese Frage gelegentlich gestellt und je nachdem beantwortet. Eine besondere Dramatik hatte sie nicht.

---

[12] **Äon** (Der Äon, des Äons, die Äonen) (aus arab. Awān): Universelles Zeitalter, Weltenalter, kosmogonisches Zeitalter, „ewige Zeit".

[13] Die These von der Unanfänglichkeit der Materie haben wir philosophiegeschichtlich ausführlich behandelt in: Khella, Der Philosophenstreit, Hamburg 2012.

Dialektischer und Historischer Materialismus

Als erster hat sich Stalin darum bemüht, den „Dialektischen und Historischen Materialismus“ *systematisch* darzustellen und zu kodifizieren.[14] Stalin war bemüht, soweit wie möglich, Marx, Engels und Lenin sprechen zu lassen.
Wenn in der marxistischen Rezeption des „Dialektischen und Historischen Materialismus“ Thesen als unbefriedigend erschienen sind, sprachen die Kritiker der Abhandlung von „Stalinismus“ und nicht von „Marxismus“. Diese Ungerechtigkeit kann ich nicht nachvollziehen. Angriffspunkte sind den Urhebern anzulasten. Stalin hat sich durch sein Loyalitätsverständnis um eine richtige Rezeption der Klassiker des Marxismus-Leninismus bemüht.

[14] Josef W. Stalin, Über dialektischen und historischen Materialismus (1938). Textausgabe, Kommentar und Kritik, in: K. Khella, Dialektischer und historischer Materialismus, Hamburg 1979, SS. 91-176.

Viertes Kapitel

Dialektik

Inhaltsübersicht

Dialektik ist die Beschreibung des Seins. Da aber das Sein keine einfache, homogene, stille Menge ist, muß die Dialektik es in seiner Komplexität und Beweglichkeit erfassen. Es zeigt sich, daß die Phänomene stets einen inneren Widerspruch darstellen, der ihre Bewegung bedingt. Darum befaßt sich die Dialektik schwerpunktmäßig mit der Widersprüchlichkeit des Seins und ihren Auswirkungen auf die Entwicklung der objektiven und subjektiven Realität. Sie bemüht sich um die Ermittlung von Gesetzmäßigkeiten der Bewegung und um die Betrachtung der Entwicklung in ihren Größenordnungen.

Geschichtlicher Rückblick: Der ursprünglichere Ausdruck für Dialektik ist ʿIlm al-Kalām. Er bedeutet die „Wissenschaft des Redens", des „Diskurses". Sie stellt sich die Aufgabe, die sprachliche Darstellung der objektiven und subjektiven Realität so zu gestalten, daß sie dem Gegenstand entspricht und ihn satzförmig wiedergibt. Die Rede in Wort und Schrift müsse der Wirklichkeit in ihrer Komplexität und Widersprüchlichkeit gerecht sein.
Dialektik ist eine Wissenschaft und eine Methode. Dabei geht es primär um die Formulierung, um den „Ausdruck". Es sollen Formulierungen aufgestellt werden, welche dem Sein adäquat und gerecht sind. Man bemühe sich um eine Ausdrucksweise, die geeignet ist, die Realität und ihre innere Widersprüchlichkeit sprachlich zu widerspiegeln.
Dabei soll die Aufgabe eingelöst werden, Bedingungen, Ursachen und Gesetzmäßigkeiten der Bewegung zu finden.

Ursprünge der Dialektik: Entgegen der in Europa üblicherweise vertretenen Auffassung, den Ursprung der Dialektik in Griechenland zu lokalisieren, stelle ich fest, daß die Dialektik ägyptischer Herkunft ist. Hier wurde sie als „Polaritätsgesetz(e)“ bezeichnet. Die Dialektik läßt sich im alten Ägypten bis in die vorschriftliche Zeit und bis auf die frühe Verschriftlichung zurückverfolgen. Dialektik war bereits in der Philosophie Thots aus dem vierten Jahrtausend v. Chr. verankert.
Im siebten Jahrhundert n.Chr. entstand im arabischen Osten ʿIlm al-Kalām. Von der arabischen Kultur und Philosophie ausgehend verbreitete sich die Dialektik weltweit.
Bei diesen Datierungen darf jedoch nicht der Eindruck entstehen, das Polaritätsgesetz, ʿIlm al-Kalām oder die Dialektik seien die Geburt eines Augenblicks. Das dialektische Bewußtsein von der Wirklichkeit ist viel älteren Datums. Wir stellen fest, daß bereits bei der Konstituierung der Sprache dialektische Ausdrucksmittel verankert sind.

Der Dual: Eindrucksvoll ist das Phänomen „Dual“. Er ist charakteristisch für die arabische Sprache. Seine Bedeutung für die Dialektik habe ich an anderer Stelle ausführlich vorgetragen.[15]
Auch andere Elemente der arabischen Linguistik weisen auf tiefes dialektisches Bewußtsein hin, z.B. die Handlung fiʿl als Grundlage der Wortbildung.
ʿIlm al-Kalām konnte sich von Anfang an auf ein historisch lange bestehendes dialektisches Bewußtsein stützen.[16]

Was ist Dialektik? Ein beliebiges Phänomen besteht aus zwei Seiten und stellt damit einen ihm innewohnenden Widerspruch dar. Die beiden Seiten ziehen sich an, gleichzeitig stoßen sie einander ab. Die zwei Seiten bedingen sich gegenseitig, zugleich schließen sie einander aus. Die beiden Seiten sind aufeinander angewiesen, darum halten sie das Phänomen zusammen. Durch die Spannung zwischen den beiden Seiten befindet sich das Phänomen nie im Stillstand, sondern in ständiger Dynamik.

Bewegung: Die Beziehung zwischen den beiden Seiten ist durch *„Zusammenhang und Spannung“* charakterisiert. Dieser besondere Charakter begründet die Bewegung als die Eigenschaft eines jeden Phänomens.

---

[15] Arabische und islamische Philosophie, Hamburg 2006, SS. 21-35.

[16] Khella, ebd. SS. 49-55. Der europäische Begriff „Dialektik“ erklärt sich als eine gelungene Übersetzung zu „ʿIlm al-Kalām“.

Es ist also die *innere* Widersprüchlichkeit einer Erscheinung, die ihre Dynamik bedingt. Wir sprechen hier nicht von einer externen Kraft, die von außen hereinkommt, Einfluß auf den Gegenstand nimmt und womöglich ihn in Raum und Zeit bewegt; wir sprechen hier von der Eigen-Beweglichkeit eines jeden Phänomens.

Entwicklung: Uns interessiert an dieser Stelle die innere Dynamik, welche autonom die ständige Eigenbewegtheit der Erscheinung bedingt. Durch diese innere Dynamik entwickeln sich die Phänomene zunächst quantitativ, dann qualitativ. Darum befindet sich die Wirklichkeit in ständiger Bewegung, Veränderung, Umwandlung und Entwicklung. Aus Altem entsteht Neues.

Gesetze der Dialektik

Dialektiker sind bemüht, die Komplexität, Widersprüchlichkeit und Bewegung des Seins sprachlich zu erfassen und satzförmig auszudrücken. Die einem Phänomen innewohnenden Kräfte, welche seine Dynamik begründen, zu ermitteln, auszuformulieren, zu beschreiben, um sie gegebenenfalls praktisch zu nutzen, sind Aufgaben der Dialektik.

Beobachtungen, die sich wiederholen und analog bei verschiedenen Phänomenen ermitteln lassen, werden verallgemeinert und als Prinzipien oder Gesetze aufgestellt. Es zeigt sich, daß in Natur, Welt, Gesellschaft und Denken einige prinzipielle Gemeinsamkeiten vorkommen, welche alle Phänomene charakterisieren, ihre Entwicklung und Bewegung bestimmen. Diese Tatsache rechtfertigt die Aufstellung von Gesetzen.

Diese Beobachtungen am Sein und seiner Entwicklung sind es wert, festgehalten und als Prinzipien der Dialektik definiert zu werden. Wir nennen die wichtigsten Grundzüge:

1. *Gesamtzusammenhang (Totalität):* Das Prinzip Totalität bezeichnet den Gesamtzusammenhang alles Seienden.
2. *Dynamik (Bewegung):* Das Prinzip Dynamik bezieht sich auf die ständige Bewegung alles Seienden. Die Dauerbewegung begründet die Mutation und Evolution der Phänomene.
3. *Innerer Widerspruch:* Ein Grundzug des Phänomens ist sein innerer Widerspruch. Es besteht aus zwei Seiten, die einander anziehen und einander abstoßen. Die Anziehungskraft hält das Phänomen zusammen, die Abstoßung bedingt seine Bewegung.
4. *Haupt- und Nebenseite:* Die beiden Seiten sind in der Regel nicht gleich. Das Gleichgewicht des Phänomens ist relativ. Seine Beweg-

lichkeit ändert das Verhältnis der beiden Seiten und ihre relative Kraft in bezug auf jeweils die andere Seite.
Nur im Ausnahmefall und nur als Übergang besteht ein Gleichgewicht der beiden Seiten. Die Haupt- und die Nebenseite können die Positionen wechseln, auch nicht nur einmal, sondern oft.

5. *Quantitative Entwicklungen gehen in qualitative über („qualitativer Sprung"):* Die Bewegung eines Phänomens zeigt darin eine Regelhaftigkeit, daß nämlich auf die quantitative Entwicklung der qualitative Umschlag folgt.
Das quantitative Stadium ist relativ lang. Die Veränderungen sind latent, unsichtbar, langsam, graduell.
Das qualitative Stadium ist sprunghaft, kurz, sichtbar, darum auch *„qualitativer Sprung"* genannt.
6. *Neue Qualität:* Als Folge des qualitativen Sprungs wird das alte Phänomen in seiner bisherigen Form gesprengt und zerstört. Die beiden Seiten des Phänomens spalten sich endgültig. Es ergeben sich verschiedene Möglichkeiten. Die beiden Seiten können z.B. divergieren oder konvergieren.
7. *Negation der Negation und Position der Position:* Dabei zeigt sich, daß die eine Seite verfällt, zerstört und dem Nieder- und Untergang geweiht ist, die andere Seite gestärkt hervorgeht.
8. *Aus Altem entsteht Neues:* Das Hervorgehen des Neuen aus dem Alten positioniert die Position und negiert die Negation. Das Stärkere wird bejaht, das Schwächere verneint. Wer stärker und wer schwächer ist, wird nicht allein nach der physischen Macht, sondern auch, primär nach anderen Elementen, z.B. der moralischen Überlegenheit, Wahrhaftigkeit und Tragfähigkeit, bestimmt.
Die Geschichte wird zeigen, wer historisch den Stand der Negation und wer den Stand der Position hat.
9. *Kontinuität und Diskontinuität:* Die Dialektik verneint die Entstehung aus dem Nichts. Formulierungen wie „Stunde Null", „Jahr X" und ähnliches sind ebenso undialektisch und metaphysisch wie die Vorstellungen von radikalen Brüchen mit der Folge einer totalen Neuschöpfung. Totales Verschwinden und radikal neue Schöpfung können nicht aus dem absoluten Nullstand geschehen. Darum wird auch die Vorstellung von „*Creatio ex Nihilo*" (Schöpfung aus dem Nichts) abgelehnt.
10. *Dialektik contra Linearität:* Die Entwicklung ist nicht geradlinig, sondern spiralförmig, nicht homogen, sondern heterogen.

11. *Einheit und Vielfalt des Seins:* Durch den eben beschriebenen Prozeß entwickelt sich das Sein. Die Phänomene in ihrer Vielgestaltigkeit entfalten sich und pflanzen sich auseinander weiter fort. Neue Phänomene entwickeln sich aus alten und produzieren ihrerseits neue Arten und Gattungen. Die Evolution ist nicht zu Ende. Mutationen, qualitative Veränderungen, Quantensprünge und Neuerungen erweitern das Spektrum.

Bei all der sich stetig mehrenden Vielfalt behält das Sein seine Einheit. Das Universum ist nicht eine Häufung von Einzelteilen und Fragmenten, sondern ein einheitliches, integriertes Ganzes. In der Vielfalt besteht Einheit. In der Einheit besteht Vielgestaltigkeit. Die Vielfalt bewahrt die Einheit des Seins.

Dialektische Kategorien: Im Verlauf der jahrtausendelangen Entwicklung haben sich einige dialektische Kategorien als besonders bedeutsam herausgestellt.

Dialektische Paare:

Sein / Nichts,
Sein / Schein,
Wesen / Schein,
Wesen / Form,
Allgemeines / Besonderes,
Besonderes / Allgemeines,
Konkretes / Abstraktes,
Abstraktes / Konkretes,
Induktion / Deduktion,
Quantität / Qualität,
Konvergenz / Divergenz,
Kontinuität / Diskontinuität,
Ursache / Wirkung,
Subjekt / Objekt,
Der Teil / das Ganze.
Anfang und Ende

Skizzen zur Dialektik im Idealismus und im Materialismus

Karam Khella fertigt an der Tafel entgegengesetzte Pfeile. Es entstehen folgende Skizzen:

Materie, Mensch und Gesellschaft im Idealismus und im Materialismus

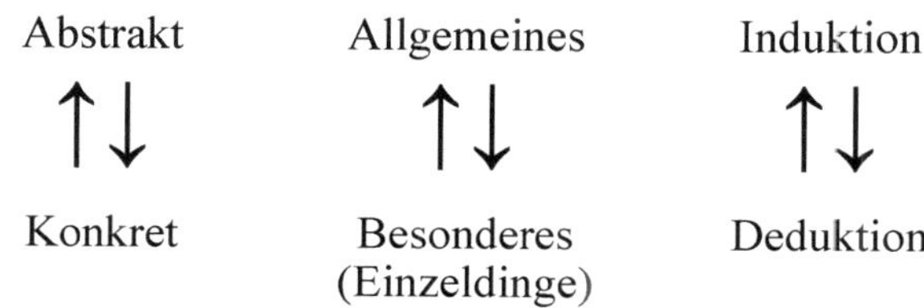

Dialektik im Idealismus und im Materialismus

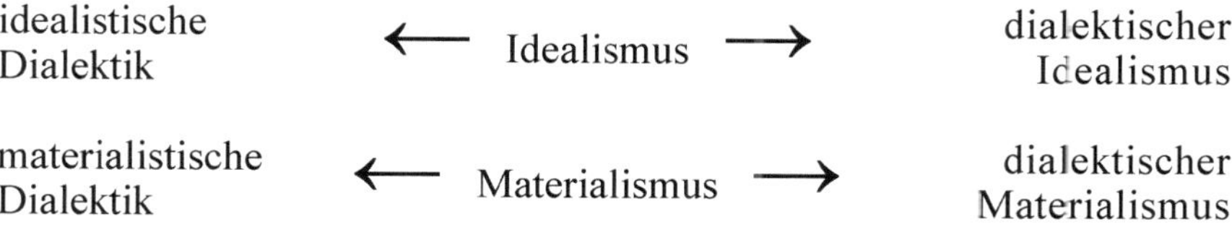

Bewußtsein im Idealismus und im Materialismus

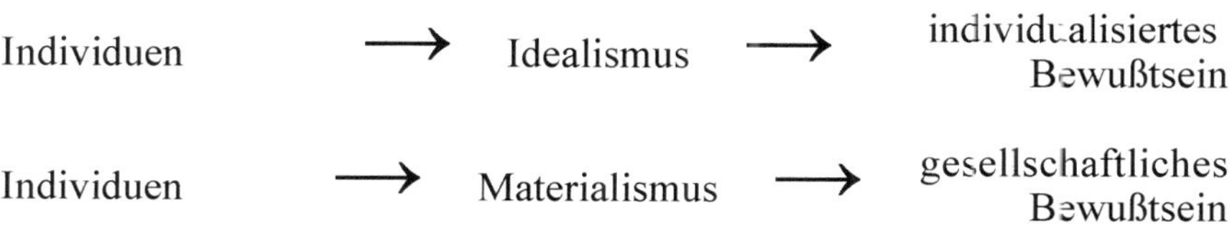

Synoptischer Vergleich Materialismus vs. Idealismus

Zusammenfassung: Ein beliebiges Phänomen besteht aus zwei Seiten, die einen Widerspruch bilden. Die beiden Seiten ziehen sich an und stoßen sich gleichzeitig ab. Dadurch bleibt das Phänomen in ständiger Bewegung und Entwicklung, bis es – durch den qualitativen Umschlag – in ein neues übergeht.
Der Stillstand ist relativ. Bewegung und Veränderung sind absolut.
Das neue Phänomen ist seinerseits durch einen neuen Widerspruch aus zwei gegensätzlichen Seiten zusammengesetzt. Der Kampf der beiden Gegensätze führt den Prozeß weiter und es kommt dazu, daß das Phänomen in seiner bisherigen Form gesprengt wird.
Aus dem Zerfall entsteht Neues. Aus Vergänglichem wird Frisches. Aus dem Alten geht Neues hervor. Das ist ein universelles, ewiges Gesetz.
So entsteht die Vielfalt der Dinge.
Die Dialektik legt wert darauf, die Widersprüchlichkeit eines Phänomens und ihre Dynamik zu ermitteln. Darum könnte man die Dialektik als die „Widerspruchstheorie" bezeichnen. Mit Anlehnung an die Thotsche Philosophie ziehen wir den Begriff der „Polarität" vor. Sie ist universell.

Dialektische Kategorisierung: Dialektische Kategorisierung bedeutet die Auflösung eines Phänomens in seine beiden polaren Seiten, aus denen es besteht.

Die Dialektik bei Karl Marx

Marx erklärte, er wolle Hegel auf die Füße stellen. In bezug auf das Stoffgebiet „Dialektik" folgte er den Fußstapfen Hegels, namentlich seiner „Phänomenologie des Geistes" (1807). Demnach befinden sich die beiden Seiten eines Phänomens im Gegensatz zueinander. Im Verlauf ihrer Entwicklung wechseln sie die Position. Der Kampf der beiden Seiten endet mit der „Negation der Negation".
Die hegelsche Dialektik ist idealistisch. Marx rezipierte sie und vereinte sie mit seiner materialistischen Geschichtsauffassung. Diese Synthese erklärt die idealistischen Momente im Marxschen Materialismus.

Der Beitrag Karl Marx' zur Dialektik

Entgegen verbreiteter Vorstellung hat Marx wenig zur Entwicklung der „Theorie" der Dialektik beigetragen.
Theoretisch verdienstvoll hingegen ist Mao Zedung. Mit seinen „Vier philosophischen Monographien" hat Mao die materialistische Dialektik

sowohl als theoretische Grundlage als auch als Anleitung in der Praxis sprunghaft entwickelt.
Der Beitrag von Marx zur Dialektik besteht weniger in der Entwicklung der Dialektiktheorie als auf ihre Anwendung – bevorzugt im Bereich der materialistischen Geschichtsauffassung und der politischen Ökonomie. Er zeigte die grundlegende Bedeutung des Widerspruchs zwischen Produzenten (z.B. Lohnarbeitern) und Eignern der Produktionsmitteln (z.B. Kapitalisten).

Verdienstvoller Beitrag Marxens zur Dialektik ist die Bestimmung des Doppelcharakters der Ware.
Mit seiner Anwendung der Dialektik lieferte Marx hervorragende Beispiele für die Charakterisierung eines Gegenstandes und seine dialektische Kategorisierung.
Die Verdienste Karl Marx' in bezug auf die Dialektik liegen in ihrer Anwendung bei seinen Analysen. Er charakterisierte ökonomische und soziale Verhältnisse durch den ihnen innewohnenden Widerspruch und seine Dynamik. Die wichtigsten Beispiele sind:

a) ***Die Gesellschaft:*** In bewußtem Gegensatz zur herrschenden Auffassung von der Gesellschaft als national einheitlicher Gemeinschaft charakterisierte Marx sie als Klassengesellschaft, als ein System, das aus zwei einander entgegengesetzten Klassen besteht. Im Kapitalismus sind es die beiden Grundklassen, die Bourgeoisie und das Proletariat. Die soziale Entwicklung folgt der Dynamik des Widerspruchs der beiden tragenden Klassen. Aus der Auflösung der Gesellschaft in zwei Grundklassen leitete Marx seine Klassenkampftheorie ab.
b) ***Die Ware:*** In seiner Kapitalanalyse erkannte Marx die Ware als die *Elementareinheit des Kapitalismus.*
c) ***Doppelcharakter der Ware:*** Die Ware ist durch ihren inneren Widerspruch charakterisiert. Für den Verkäufer hat sie einen Tauschwert, für den Käufer einen Gebrauchswert. Beide Seiten schließen einander aus, gleichwohl bedingen sie sich gegenseitig.
d) ***Produktionsverhältnisse:*** Die Produktionsweise begründet das ihr charakteristische Produktionsverhältnis. Es gestaltet sich als der Widerspruch zuwischen den Produzenten und den Eignern der Produktionsmittel. Im Kapitalismus ist es der Widerspruch zwischen den Lohnarbeitern und den Kapitalisten.
Im Kapitalismus wird der Produzent wird von den Produktionsmitteln getrennt. In der vorkapitalistischen Gesellschaft war der Produzent an den Boden, das wichtigsten Produktionsmittel, gebunden.

e) ***Basis/Überbau:*** Von grundsätzlich analytischer Tragfähigkeit ist die soziologische Kategorie „Basis und Überbau“. Sie bewährt sich bei der dialektischen Analyse der Gesellschaft.

Bedeutsame Neuerung der materialistischen Dialektik hat Mao Dse Dung geleistet. Seine Theorie zur Dialektik sind in dem Sammelband „Vier philosophischen Monographien“ zusammengetragen.

Problemlagen

Inhaltsübersicht

Fünftes Kapitel

„Anfang“ und „Ende“ als Erkenntnisproblem in der Philosophie

Was war am Anfang?

Die Frage ist zweiteilig: „Anfang“ und „Geschichte“. Während sich das Problem, was *zuerst* war, in der Tat mit der Synchronität befriedigend lösen läßt, ist der zweite Teil relativ einfacher.

Schwierig ist die Frage insgesamt geworden als infolge dogmatischer Festlegung, egal von welcher Seite auch immer, der Schöpfungsakt als „Anfang“ definiert wurde. „Am Anfang schuf Gott Himmel und Erde“ (Gen.1,1). Damit wurde ein wirklicher Einschnitt in die Zeitlosigkeit gezogen. In der Konsequenz gibt es nicht nur einen Anfang, sondern auch eine Zeit vor dem Anfang.

Was den Teil „Geschichte“ betrifft, d.h., was geschah nach dem vermeintlichen Anfang? Antwort: Es hängt stets von der konkreten Situation ab. Die historische Analyse soll nach dem Einzelfall die Antwort und das jeweilige Primat ermitteln.

Wo steckt das eigentliche Problem? Man sucht es im Gegenstand und findet es nicht, weil das Problem nicht im Gegenstand, sondern im eigenen Kopf steckt.

Wir Menschen haben uns daran gewöhnt, uns die „Zeit“ als einen Ablauf vorzustellen. Ereignisse müssen „Anfang“ und „Ende“ haben. Der An-

fang ist nichts anderes als einen beliebig gewählten Bezugspunkt; ebenso das Ende. Es solle nach dem Motto laufen: „Es sei!“ Also wird es.
Es gibt weder die Zeit noch den Anfang. Es gibt Prozesse. Es gibt nicht den Anfang der Materie, sondern ihre zeitlose, ewige Existenz.
Die Zeit entsteht zum Beispiel, wenn wir eine Uhr in der Hand halten und den Verlauf eines Ereignisses messen.

Sechstes Kapitel

„Sein“ und „Bewußtsein“

Tatsächlich haben die Philosophen stets über die Priorität von „Materie“ bzw. „Geist“ gestritten. Hegel, Marx und Engels machen keine Ausnahme. Es wundert nur, warum sie und ihre Vorgänger nicht auf die logischste, plausibelste und naheliegendste Antwort gekommen sind: Materie und Geist, Sein und Bewußtsein, sind einander komplementär. Keines von beiden existiert je allein. Beides gehört stets zusammen. Es besteht eine Gleichzeitigkeit von Materie und Geist.
Das Problem des Verhältnisses von Sein und Bewußtsein als die vermeintlich eigentliche Frage des revolutionären Handelns ist von Feuerbach, Marx und Engels fehlerhaft entschieden worden.

> *„Die Materie ist nicht ein Erzeugnis des Geistes, sondern der Geist ist selbst nur das höchste Produkt der Materie.“*[17]

„Bewußtsein und Sein“ bilden eine Dialektik. Es gibt nicht das Sein ohne das Bewußtsein. Sie sind die beiden Seiten des Phänomens „Existenz“. Das eine setzt das andere voraus. Beide bedingen sich gegenseitig, wobei der Entwicklungsstand einer jeden Seite dem anderem analog ist. Die jeweilige Priorität wechselt zwischen Bewußtsein und Sein. Die spezifische Analyse einer Lage oder eines Ereignisses ermittelt die jeweilige Vorrangigkeit. Diese versöhnliche Einstellung darf jedoch nicht als abschließender Konsens aufgefaßt werden.

In allem was Marx behandelte, ließ er sich stets vom Prinzip: „Sein bestimmt Bewußtsein“ leiten. Dabei schoß er weit über das Ziel hinaus. Das Sein wurde verabsolutiert, das Bewußtsein verschwand in den Schatten des Seins.

[17] Friedrich Engels nach Feuerbach, in: Engels, Ludwig Feuerbach und der Ausgang der klassischen deutschen Philosophie (1888), MEW, Sonderdruck, S. 30.

Praxisbezug

Die abstrakte philosophische Systematik wäre nur noch von akademischem Interesse, wäre sie ohne Bezug zur Praxis aufgestellt.

Der Autor legt großen Wert auf die „Vorrangigkeit des Bewußtseins“ vor dem Sein, denn damit erklären wir uns zu solchen, die für das Sein verantwortlich sind. Somit erlangen wir die Hoheit über die Existenz und ihre Gestaltung nach definierten Prinzipien, z.B.: Gerechtigkeit, Freiheit von Unterdrückung und Ausbeutung, Gleichstellung und anderes mehr.

Auf die Praxis kommt es an. In einer gespaltenen Welt, welche in allem durch den Dualismus geprägt ist, kommt es auf die Parteinahme und Parteilichkeit an: Gegen Krieg für den Frieden, gegen Unterdrückung für Freiheit, gegen Ausbeutung für Gerechtigkeit, gegen Diskriminierung für Gleichstellung.

Sein ist gespaltene Welt.

Bewußtsein: Kampf gegen die Spaltung und den Dualismus, für die Einheit.

„Bewußtsein über Sein“ heißt, den Völkern unter Ausbeutung und Unterdrückung die Legitimation anzuerkennen, revolutionär zu handeln und ihre Befreiung zu erkämpfen. „Bewußtsein über das Sein“ heißt auch, daß die Völker im antiimperialistischen Widerstand Anspruch auf Solidarität und Unterstützung von allen Menschen guten Willens haben.

Siebtes Kapitel

Dialektik von „Ursache“ und „Wirkung“ Die Kausalitätsproblematik

Inhaltübersicht

Einleitung

Die Ursache-Wirkung ist eine universelle Beziehung. Die Ursache-Wirkungs-Beziehung ist relativ – nicht absolut. Die gleichen Ursachen rufen unterschiedliche oder gar keine Wirkung hervor.

Selbstverständlich wird niemand offensiv gegen die Ursache-Wirkungs-Beziehung auftreten. Darum ist es nötig, die Gesprächspartner genauer danach zu fragen, was sie mit Ursachen meinen. Oft stellen wir fest, daß sie von „Ursachen“ reden, dann sind es aber nur die unmittelbaren Anlässe, die eine gewisse Reaktion auslösen.

Die berichteten „Ursachen“ greifen viel zu kurz. In der bürgerlichen Wissenschaft und selbst an den Universitäten herrscht akausales Denken vor. Der politische Sinn dafür, akausale Wissenschaft zu vermitteln, besteht darin, daß die konsequente Erforschung von Ursachen und Bedingungen keinen Halt vor Heiligtümern oder Tabus macht. Man führt eine Ursachenkette durch. Man entdeckt dann die systemischen Bedingungen. Systemkritik ist unvermeidbar.

Der Marxismus stellt einen Sonderfall von „akausalem Denken“ dar.

Ursache-Wirkung-Beziehung

Die Ursache-Wirkung-Beziehung ist ein universelles Prinzip, dem man ein Gesetzescharakter zusprechen kann. Dabei muß man zu allererst daran danken, daß keine der beiden Seiten der Dialektik von Ursache und Wirkung statisch ist. Die Wirkung wird zur Ursache, daher besteht Dynamik und Weiterentwicklung.

Da aber ein Gesamtzusammenhang aller Erscheinungen besteht, können Ursache-Wirkung-Bezehungen nie unabhängig weiterer Faktoren wirksam sein.
Die *„Ursachen"* können erst wirksam werden, wenn die *„Bedingungen"* ihrer Wirksamkeit vorhanden sind. Die „Bedingungen" sind den Ursachen übergeordnet, denn von Bedingungen hängt die Wirkung der Ursache ab. Bedingungen sind demnach übergeordnete Determinanten.
Eine Ursache kann in einem Fall wirksam sein, im anderen nicht oder nicht in gleichem Maß.
Ein anschauliches, realistisches Beispiel mag die Beziehung von Ursache und Bedingung verdeutlichen: Ein infektiöses Virus geht um. A erkrankt, B nicht. Offensichtlich lagen bei A Voraussetzungen (Disposition) für die Erkrankung vor, nicht aber bei B. Diese Voraussetzungen können z.B. ein geschwächter Körper, schlechte Ernährung, mangelhafte Immunität usw. sein. Die Voraussetzungen in diesem Beispiel sind mit den Bedingungen gleichzusetzen.
Ein anderes Beispiel aus dem Sozialbereich: Zwei Untersuchungen befassen sich mit den Gründen für die Obdachlosigkeit. Die Untersuchung A sieht die Schuld bei den Obdachlosen selbst, verursacht z.B. durch ihre Lebensweise und ihr Sozialverhalten. Die Untersuchung, B führt die Obdachlosigkeit grundsätzlich auf die Wohnungsfrage im Kapitalismus zurück: Existenzsicherung, Kündigungsschutz u.a. Man könne dazu sagen:
Die Untersuchung A hat mögliche *Ursachen* erfaßt.
Die Untersuchung B hat *Bedingungen* untersucht.

Ursachen versus Bedingungen

Die Bewegung in Natur, Gesellschaft, Geschichte und Denken ist im Materiellen, d.h. in der Materie, begründet. Diese positive Formulierung wiederholen wir mit anschließender Negation. Die „Bedingungen" der Bewegung liegen in den Dingen selbst, die Ursache der Bewegung liegt außerhalb der Dinge. Bedingungen sind endogen, die Ursachen exogen.
Eine Ursache ist erst dann wirksam, wenn die Bedingungen der Wirksamkeit gewährleistet sind. Beispiel: Der Fahrer steigt in sein Auto ein und der Motor lässt sich nicht starten. Er stellt fest, es fehlt der Treibstoff. Nach dem Tanken fährt das Auto. Ergo, eine Bedingung war nicht gewährleistet. Aber ein Auto mit vollem Tank bleibt auch stehen, wenn der Fahrer den Anlasser nicht betätigt. Erst auf die Handlung des Fahrers startet der Motor.

Wir erläutern weiter: Ein identischer Impuls wirkt sich in Abhängigkeit vom Gegenstand unterschiedlich aus. Bei gleichem Stoß fliegt ein leichter Ball weit weg, ein schwerer weniger weit.
Noch bevor der Ball zum Stillstand kommt, versetzt ihm ein nächster Spieler rasch einen Stoß von derselben Stärke seines Vorgängers. Der Ball legt dann eine längere Strecke als beim ersten Stoß zurück.
Was wollen wir mit diesen Beispielen beweisen? In allen Fällen kommt es auf die *„bewußte"* Handlung an und nicht auf den objektiven Zustand. Der objektive Zustand ist scheinbar primär, real sekundär. Der objektive Zustand ist abhängig vom Bewußtsein derer, die ihn bewegen. Die Beweger können die Lage ändern und gewünschte Zustände schaffen. Das tun sie dank ihrem entsprechenden Bewußtsein. Die Bedingungen können es nicht, weil sie „Sein" und kein „Bewußtsein" darstellen.

Problemlagen und Lösungsversuche

Inhaltsübersicht

Kausalität ist eine Falle

In der Praxis und in der politischen Diskussion erfahren wir, wie oft die Frage nach der Ursache oder den Ursachen eines bestimmten Ereignisses heftig debattiert wird und daß darüber Uneinigkeit besteht.

Die USA und die NATO greifen den Irak an. Gründe werden genannt, die von persönlichen Konflikten unter den Präsidenten zweier Staaten bis hin zum Interesse am Erdöl reichen. Keiner der genannten Gründe befriedigt. Keiner von ihnen rechtfertigt das Ausmaß der ungeheueren Verbrechen gegen das irakische Volk und die Zerstörungen seiner Hochkultur sowie die Folgen für die übrige Menschheit, die Welt und die Ökologie.

Bei genauerer Betrachtung zeigt sich, daß jeder Diskussionsteilnehmer ein Denkschema reproduziert, das im Kopf bereits stand, noch bevor der Irak angegriffen wurde. Die gefundene – vermeintliche – Erklärung befriedigt Redner und Hörer, da sie eine Ursache gefunden zu haben meinen, welche das Bedürfnis nach Plausibilität befriedigt.

Gerade der Ursachenstreit verrät den „geschlossenen hermeneutischen Zirkel“ bei den Teilnehmern, die jeweils ein feststehendes Erklärungsmuster oder ein Ursachenschema reproduzieren.

Niemand zerstört andere, wenn er nicht zuallererst sich selber zerstört.

Kritik an Marx in bezug auf die „Kausalität“

Indem Marx einen historisch determinierten Prozeß von Geschichte annahm, zerstörte er die Ursache-Wirkung-Beziehung: Was eingetreten ist, hatte eintreten müssen, besagt der historische Determinismus.

Die Kausalitätsfrage gehört zu den empfindlichen Schwächen des Marxschen Konzepts von Geschichte und Gesellschaft. Er lieferte eine Makrotheorie, die vermeintlich den historischen Gesamtprozeß erklärt. Auch in bezug auf Detailfrage konnte der „Charakter der Epoche“ herangezogen werden, um Einzelprobleme zu erledigen. Damit hat sich Marx die Untersuchung von Ursachen und Bedingungen, die jeweils ihre spezifische Dynamik und ihren eigenen Anteil an der Entwicklung haben, erspart.
Marx forderte direkt, die Entwicklung der objektiven Bedingungen abzuwarten. Damit lehrte er, daß die Menschen einem Determinismus schicksalhaft ausgeliefert sind. Marx lehrte: Der Kapitalismus müsse erst ausreifen, um in den Sozialismus hinüberzuführen.
Die Aufhebung des Ursache-Wirkungs-Gesetzes bedeutet Entsubjektivierung der Geschichte, denn nur die Mensch können kraft freien Willens und Entscheidungskraft Ursachen in Gang setzen, die bewegen, bewirken und verändern. Menschen können gesellschaftliche Utopien entwerfen und bei genügender Entschlossenheit durchsetzen.
Das gilt sowohl für die Geschichte von unten als auch von oben, also für konstruktives und progressives, ebenso wie für aggressives, destruktives, unterdrückerisches und ausbeuterisches Handeln.

Notwendigkeit der Universalistischen Erkenntnis- und Geschichtstheorie – hier in bezug auf die Kausalitätsfrage

Mit der Aufstellung der Erkenntnispyramide hat die Universalistische Erkenntnistheorie einen großen Sprung in Bezug auf die methodische und systematische Rückführung der Folgen auf ihre Wurzeln, Ursachen und Bedingungen erzielt.
Der Universalismus verbindet Theorie und Praxis. Er lehnt den historischen Determinismus ab und betont: Die Geschichte ist anthropogen. Den Menschen als Subjekt der Geschichte legitimieren heißt, seine Fähigkeit, *Wirkungen zu verursachen*, anerkennen. In der Praxis heißt es, in die gesellschaftlichen Prozesse eingreifen, sie lenken und steuern und die Voraussetzungen schaffen, welche zur Realisierung der Ziele führen.

Funktion und Ursache

Selten besteht eine unmittelbare Beziehung zwischen „einer“ Ursache und ihrer einen Wirkung. Oft handelt es sich um eine Anzahl von Faktoren, die mit- und widereinander wirken. Diese lassen sich in Funktionen zerlegen und summarisch addieren bzw. subtrahieren.

Die Vernetzung zahlreicher Faktoren hebt prinzipiell die Ursache-Wirkung-Beziehung nicht auf. Die Komplexität läßt sich in Einzelfaktoren zerlegen und analysieren. Im günstigen Fall lassen sich diese berechnen. Somit können sie Prognosen über den Ausgang erlauben.

Praxisbezug
Die Korrelation zur Praxis besteht darin, daß die Menschen in der Regel die Ursachen sehen und erkennen, während die tiefer liegenden, nicht unmittelbar sichtbaren Bedingungen nicht gesehen werden. Diskutiert werden in der Regel „unmittelbare Ursachen und unmittelbare Folgen". Eine solche Analyse greift zu kurz.
Will man etwas bewegen und verändern, so reicht es nicht aus, allein auf der Ursachenebene zu wirken. Wenn dann der gewünschte Effekt eintritt, so ist er kein stabiler Erfolg. Die Bedingungen müssen geändert werden. Der Reformismus will nicht die Bedingungen, sondern die unmittelbaren Ursachen verändern – oft auch nur die Folgen. So bleibt alles beim Alten.

Materialismus versus Idealismus

In der direkten Konfrontation mit dem Idealismus war Marx gut materialistisch. Aber er ist dorthin gekommen, wohin er nicht wollte. Durch die Abstraktion, die ihn von der Wirklichkeit entfremdet hat, und durch eine Entfremdung der Analyse von der Realität muß er als Idealist angesehen werden.
Das heißt aber nicht, daß die Abstraktion prinzipiell idealistisch sein muß. Abstraktion ist notwendig, sonst wären Philosophie und Wissenschaft nicht möglich. Indes kann Abstraktion irreführen. Insbesondere, wenn sie sich von der Praxis entfremdet, die Rückkopplung zum Konkreten verliert und ohne den Bezug zum Besonderen geschieht.

Achtes Kapitel

Abstraktion

Vorab sei darauf aufmerksam zu machen, daß die Abstraktion eine universelle Methode von Wissenschaft und Philosophie ist. Es darf nicht angenommen werden, daß Abstraktion notwendig idealistisch ist. Abstraktion ist unter Idealismus sowie auch unter Materialismus anzusiedeln. Nun kann ein Autor materialistisch abstrahieren, aber durchaus von der idealistischen Abstraktion kommen und damit dem Idealismus verfallen.
Die Diagnose „Entgleisung“ triff leider auf Marx voll zu. Bei materialistischem Anspruch rutschte er in idealistische Abstraktionsketten.

Ein Beispiel dazu ist das vierbändige Marxsche Kapital. Die Genese des Irrtums verlief über vier Stadien.
Als *Erstes* nahm sich Marx vor, den ökonomischen Kreislauf zu analysieren. Dazu war natürlich, wie bei jedem wissenschaftlichen Verfahren, eine Abstraktion notwendig, um Sachverhalte in sprachliche Kategorien umzusetzen.
Als *zweites* hat sich bei Marx die Abstraktion von der Konkretion abgelöst.
Als *drittes* folgte er der Eigenlogik seiner Rekursionsformeln, und vergaß dabei die Realität total.
In seiner Schreibstube in London spielte er seine Gleichungen durch, während die Wirklichkeit seiner Berechnungen spottete. Die Tauschbeziehungen, die Marx beschrieb, finden nur unter Laborbedingungen statt. Der Imperialismus war im globalen Vormarsch. Seine Praxis ist Völkermord und Ausplünderung, während Marx fleißig weiter berechnet. Er vermochte es nicht zu erkennen, daß unter imperialistischen Bedingungen der Mehrwert unberechenbar ist.
Es kommt noch ein *Viertes* hinzu. Marx hat den Begriff der Entfremdung dargestellt und problematisiert. Er verwendet auch den Ausdruck der „Alienation“. Der Idealismus kennt natürlich auch „Entfremdung“ und „Alienation“. Ws Marx betrifft, er stellt eine Theorie der Entfremdung auf, ohne sich dabei zu kontrollieren. Er selbst hat sich von der Realität draußen vor der Tür weit entfremdet. Selbst die Hauptquellen von Marx, Adam Smith und David Ricardo, waren viel stärker realitätsbezogen als Marx.

Abstraktion ist eine Falle. Die Gefahrenlage tritt dort ein, wo sich der Betrachter von der Wirklichkeit abkoppelt, und nur noch in der Vorstellungswelt schwebt und den Bezug zur Realität verliert.

Neuntes Kapitel

Materialismus

Inhaltsübersicht

Einleitung

Der Materialismus erlebte im Europa des 19. Jahrhunderts einen großen Aufschwung; er war – salopp formuliert – „in“. Wichtigster Philosoph zwischen Hegel und Marx ist sicher Ludwig Feuerbach (1804-72). Erster ist Repräsentant des Idealismus, letzterer des Materialismus. Marx ist durch die beiden Schulen gezogen und landete schließlich beim Materialismus. Die Elf Thesen von Marx über Feuerbach eigentlich als Antithesen aufgefaßt werden müssen, machen gleichwohl deutlich, daß Marx erst über Feuerbach zum Materialismus gekommen ist, ihn aber nicht als einen konsequenten Materialisten wertete. Marx erhob den Anspruch, den Weg, den Feuerbach nur zur Hälfte zurückgelegt hat, zu Ende zu beschreiten.

Es sei darauf aufmerksam zu machen, daß unter „Materialismus“ kein einheitliches Denksystem zu verstehen ist. Die Richtungen sind sehr unterschiedlich und reichen vom Vulgär-Materialismus bis zu voll ausgereiften Richtungen. Im Rahmen der Diskussion im vorliegenden Werk wird auch unsere eigene Auffassung vom Materialismus vorgestellt.

Materialismus bei Marx

Marx selber pflegte es, sich als Gegner des „platten“ und „falschen“ Materialismus und sich selbst als Vertreter des richtigen Materialismus zu präsentieren. Ihm folgte darin Friedrich Engels. Beim Lesen der Marx-Engels-Werke sollte man stets die notwendige hermeneutische Distanz wahren, um der jeweiligen Richtung gerecht zu sein. Beide Klassiker liebten die scharfe Polemik. Nicht selten bezichtigten sie Gegner der Plattheit, um sich selber auf die Lehr-Cathedra zu setzen. Indes zeigt die scharfe Auseinandersetzung um den Materialismus in der zweiten Hälfte des neunzehnten Jahrhunderts, wie sehr er verbreitet und durch verschiedene Varianten vertreten war. Besonders in sozialistischen und proletarischen Kreisen war er recht populär. Darum ist es legitim zu fragen, worin die Innovation und Originalität von Marx und Engels in bezug auf den Materialismus bestehen.

Weder Marx noch ein anderer Klassiker des Marxismus hat den zentralen Begriff seiner Theorie „Materialismus“ befriedigend definiert.
Marx selbst gab folgende Definition des Materialismus an:

> *„Es ist nicht das Bewußtsein der Menschen, das ihr Sein, sondern umgekehrt ihr gesellschaftliches Sein, das ihr Bewußtsein bestimmt.“*[18]

Die Aussage, „Es ist nicht das Bewußtsein, sondern das Sein, das das Bewußtsein bestimmt“, ersparte dem Urheber des Marxismus weiteres Kopfzerbrechen. Der Grundsatz wird von Marx weder relativiert noch komplementiert, er bleibt halbiert. Er wird als ein Glaubensbekenntnis ausgesprochen. Inhaltlich betrachtet handelt es sich jedoch um keine Definition, sondern um eine Standortbestimmung. In dieser Entschiedenheit und Unzweideutigkeit bringt Marx in äußerster Präzision die Erkenntnis zum Ausdruck, die er zur Grundlage seiner Philosophie, zur Weltanschauung des Materialismus schlechthin, erhoben hat. In der Überlieferung wird das wie ein Dogma zitiert: „Sein bestimmt Bewußtsein“ .
Nachstehend wollen wir den Versuch unternehmen, den Materialismus von Marx vor dem Hintergrund seines Gesamtwerkes herauszuarbeiten und nach seiner Anwendung im Marxismus zu diskutieren.
In seiner Frühschrift „Die Deutsche Ideologie“ äußert sich Marx sehr zurückhaltend. Er räumt ein, daß bei veränderten Bedingungen des Seins auch das Bewußtsein sich verändert. In der Deutschen Ideologie läßt sich folgendes lesen:

> *„(...) Umstände, die zwar einerseits von der neuen Generation modifiziert werden, ihr aber auch andererseits ihre eignen Lebensbedingungen vorschreiben und ihr eine bestimmte Entwicklung, einen speziellen Charakter geben – daß also die Umstände ebenso sehr die Menschen wie die Menschen die Umstände machen.“*[19]

---

[18] Karl Marx, Zur Kritik der Politischen Ökonomie (Vorwort) (1859), MEW 13,9; Berlin (Einzelausgabe), 1971, S. 15.

[19] Karl Marx, Friedrich Engels, Die Deutsche Ideologie (1845-1846), MEW 3, 9-530.

Man sieht auch hier, daß der Frühmarx in einigen Punkten weiter war als der Spätmarx. Indes führt der Erkenntnisweg Marx' immer mehr dahin, die Bewegung der Gesetzmäßigkeiten des Seins als bestimmend für das Bewußtsein zu sehen.

In seinem ausgereiften Spätwerk „Das Kapital" hebt Marx ausschließlich auf die Bewegungsgesetze der Kapitalakkumulation. Daraus folgt nach Marx:
Die Ursache für die Bewegung und Veränderung in der Geschichte liegt nicht im Kopf des Menschen, nicht in seinem Willen und nicht in den politischen und sozialen Bewegungen, sondern in den Produktionsverhältnissen und der Warenproduktion.
Die Bedingungen des Seins lassen keinen oder kaum Raum für die Gegensteuerung. Marx sieht sich selbst als Produkt dieser Bedingungen, darum kann er sie in seinem Werk nur noch konstatieren. Seine Hoffnung erschöpft sich in der Perspektive des Sozialismus, die ihrerseits in der Geschichte deterministisch angelegt ist und nicht aus den Köpfen der Menschen stammt.
Es sind nicht die mobilisierenden Kräfte der gesellschaftlichen Entwürfe und sozialen Utopien, sondern die Gesetzmäßigkeiten der Warenproduktion und Kapitalbewegung.
Nach Marx: Nicht das „Denken", nicht der „Geist", nicht die „Idee" sind die Ursache für die Bewegung der Geschichte, sondern das Materielle, das Objektive. Nicht der menschliche Wille, sondern das Kapital bewegt. Die Warenproduktion ist die Grundursache (*causa prima*) für die Veränderung. Marx vertrat den reinen Monismus.

Marx bleibt konsequent: Zeitlebens folgt er diesem Prinzip unausweichlich weiter. Vergeblich sucht man nach anderen Verlautbarungen bei Marx, welche diesen Grundsatz dialektisch ausgleichen oder inhaltlich relativieren. Marx verfolgt ihn mit unverbrüchlicher Konsequenz über rund vierzig Jahre hinweg. Von den Thesen über Feuerbach über die Deutsche Ideologie und Kritik der Politischen Ökonomie bis zum Kapital hält Marx an dem Prinzip „gesellschaftliches Sein bestimmt gesellschaftliches Bewußtsein" wie an einem Lebensleitspruch fest. Andere Äußerungen, die dieses Ausgangsprinzip aufheben, relativieren oder balancieren würden, lassen sich bei Marx nicht nachweisen.
Wenn Marx sich überhaupt zu bewußten Handlungen oder zu von Ideen geleiteten Leistungen äußert, dann verschwinden diese in den Schatten der herrschenden „Produktionsverhältnisse".

Unsere Kritik an der Marxschen Auffassung von „Materialismus“

Die Wirkung der Gedanken und die mobilisierende Kraft von Ideen als schöpferischem Akt kennt Marx nicht.

Wir wollen uns nicht mißverstehen, wir halten fest: Niemand ist unabhängig vom historischen Kontext seiner Zeit. Jede Aussage ist abhängig von Raum, Zeit und Situation. Die eigentliche Leistung des Menschen besteht jedoch darin, diese Gebundenheit zu überwinden, um ihr nicht ausgeliefert zu sein. Zu allen Zeiten war es möglich, sich von der Herrschaft des Seins zu emanzipieren.

Was wir an Marx grundsätzlich kritisieren ist, daß er es versäumt hat, seinen Satz dialektisch umzukehren. Nur in dieser Komplementarität wäre er vollständig:

Das Sein bestimmt das Bewußtsein.

Das Bewußtsein bestimmt das Sein.

Die Universalistische Erkenntnistheorie ist bestrebt, die Priorität des Bewußtseins über das Sein anzustreben und durchzusetzen.

Dieses Ziel kann Marx nicht vertreten. Nach ihm solle eine andere, nämlich sozialistische oder kommunistische Gesellschaft vorausgesetzt werden, damit ein anderes Bewußtsein entsteht.

Selbst die Zerschlagung des Kapitalismus erfolge nach Marx nicht nach höher entwickeltem humanistischen Bewußtsein, sondern nach der Zuspitzung des Widerspruchs des Produktionsverhältnisses. Die Revolution geschieht objektiv, nicht subjektiv.

Materialistischer Anspruch – idealistischer Gehalt

Es hört sich paradox an, wenn dem unversöhnlichen Materialisten Marx vorgehalten wird, durch und durch Idealist geblieben zu sein. Seine Entgleisung vom materialistischen Anspruch auf idealistische Auffassung erfolgte durch eine falsche Methode der Abstraktion.

Die Abstraktionsleistung ist eine gesamtmenschliche Fähigkeit. Marx kann nicht vorgeworfen werden, abstrahiert zu haben. Er hat im „Kapital“ sehr über das Ziel hinaus abstrahiert, bis er sich in der Abstraktion verloren und sich von der Realität entfremdet hat. Er glich einem Forscher, der im Laboratorium Serienexperimente durchführt und dabei vergißt, daß in der Realität die Prozesse nicht unter Laborbedingungen ablaufen.

Die „allgemeinen Gesetzmäßigkeiten“, die Marx entwickelt hat, existieren im Labor oder auf dem Schreibtisch. Die Wirklichkeit des Imperialismus führt die Formelsprache Marxens ad absurdum. Diese Tatsache hat Marx total übersehen.

Isoliert betrachtet ist das „Kapital“ von Marx eine beachtliche akademische Leistung – daran besteht kein Zweifel. Aber die Abstraktion ist eine Falle, die extrem gefährlich sein kann. Wenn der Autor in der Euphorie des Gedankenflusses der abstrakten Logik folgt, sieht er nicht mehr die Wirklichkeit. Er merkt es nicht ohne weiteres, wie schnell und wie sehr er sich von der Realität entfernt und entfremdet. Das Abgeleiten von der Abstraktion zum Idealismus ist ein fließender Übergang.

Zur Würdigung des marxistischen Materialismus

Die Marxsche Variante des Materialismus greift zu kurz. Sie hebt auf die Produktionsweise und die Produktionsverhältnisse als Basis ab und negiert andere Dimensionen oder bezieht sie auf die Basis.

Menschliches Handeln wird ausschließlich auf materielle Motivationsfaktoren zurückgeführt. Diese Variante vom Materialismus deckt sich mit dem Bild, das Marx von der Welt, nämlich als einer Waren produzierenden Gesellschaft, hat.

Das gesellschaftliche Sein auf den materiellen Aspekt, diesen wiederum auf die Produktionsweise zu reduzieren, spricht für die extrem reduktionistische Herangehensweise von Marx. Seine Auffassung vom Materialismus offenbart die Eindimensionalität seines Denkens und die Monokausalität seiner Analyse. Der Wesensreichtum und die Formenvielfalt des menschlichen und materiellen Seins fällt aus der Marxschen Betrachtung zugunsten der wirtschaftlich eingeengten Perspektive heraus.

Zehntes Kapitel

Materialismus aus universalistischer Sicht

Inhaltsübersicht

1. Was ist Materialismus?
2. Notwendigkeit des Universalismus
3. Gesamtzusammenhang des Seins und des Materiellen
4. Der Mensch aus der Sicht des universalistischen Materialismus
5. Die universalistische Theorie zum Verständnis der Beziehung von Bewußtsein und Sein
6. Erkenntnisziel des universalistischen Materialismus – Humanismus
7. Revision des Marxismus muß sein
8. Das Problem der Priorisierung
9. Praxisbezug
10. Korrelation zur Revolutionstheorie
    Antithesen zu Marx

Der Universalismus vertritt den Materialismus nach eigener Definition und Auffassung.

Was ist Materialismus?

Die Materie ist

a) ewig,
b) autonom,
c) dynamisch,
d) intelligent,
e) entwicklungsfähig.

Erläuterungen

a) *Die Unanfänglichkeit der Materien:* Die Materie ist ewig. Sie hat keinen Anfang und kein Ende. Es gab keine Zeit, in der es die Materie nicht gegeben hat, wobei die Form und die stoffliche Erscheinung der Materie sich nach Äon ändert.

b) Die *Materie ist autonom:* Sie bewegt und gestaltet sich selbständig.

c) Die *Materie ist dynamisch*: Sie bewegt sich aus eigener Kraft. Es gibt keine Materie ohne Bewegung und keine Bewegung ohne Materie.

d) Die *Materie ist intelligent:* Die Sensibilität der Materie entspricht stets ihrem Entwicklungsstadium. Bei der anorganischen Materie ist sie am wenigsten, bei den pflanzlichen weniger als bei den tierischen Organismen ausgeprägt.

e) Die *Materie* ist aus eigener Kraft *entwicklungsfähig.*

Ebenso ewig ist das Leben. Es gestaltet sich gemäß dem Entwicklungsstand der Materie. Das Leben ist *hapax*[20]. *Es durchdringt alle Formen des Seins.*

Die Sensibilität der Materie entwickelt sich analog ihrem Entwicklungsstand. Bei der anorganischen Materie ist sie am niedrigsten – Bei den Menschen am höchsten. Sie verfügen über das Bewußtsein. Unter anderem ist es deshalb konsequent, dem Bewußtsein Priorität vor dem Sein zuzuerkennen.

Notwendigkeit des Universalismus

Mit der universalistischen Auffassung vom Materialismus werden viele gedankliche Probleme gelöst. Die Frage der Zeitlichkeit, entsprechend der Räumlichkeit, wird beantwortet. *Zeit:* Die „Zeit" ist nicht in die Zeitlosigkeit eingetreten, denn dies bedeutet, daß die Ewigkeit nur eine „Vorzeit" war, also doch Zeit. Analog gilt es für den Raum.

„Zeit" und „Raum" sind gedankliche Hilfsmodelle für den Menschen, die er benötigt, um sich einordnen und orientieren zu können.

Zeit entsteht im Bewußtsein des Menschen zur Messung von Arbeitsvorgängen. Sie existiert nur als Hilfsmittel.

Raum: Der Raum entsteht dadurch, daß ein dimensionierter Gegenstand einen Platz sucht: Der eindimensionale Gegenstand besetzt einen Punkt, der zweidimensionale eine Fläche und der dreidimensionale ein Volumen.

[20] „Hapax" (von koine *hápax* „einmalig") bedeutet substantiviert „Einmaligkeit", „Einzigartigkeit", „Unwiederholbarkeit", „ein für alle Mal".

Gesamtzusammenhang des Seins und des Materiellen

Die Materie entfaltet sich aus sich selbst heraus. Einheit und Vielfalt sind die zwei Seiten des Seins. In der Vielgestaltigkeit der Phänomene besteht Einheit. Alles hängt mit allem zusammen.
Die Evolution des Seins gipfelt in der Entstehung und Entfaltung der menschlichen Vernunft. Ihr materielles Organ ist das Gehirn, im engeren Sinne der Kortex.
Engels schreibt – in „Dialektik der Natur“ – die Quelle des Bewußtseins ist das Gehirn. Das ist unrichtig. Quelle des Bewußtseins ist die Wirklichkeit, die objektive und subjektive Realität. Das Gehirn ist nur das Organ des Bewußtseins.

Der Mensch aus der Sicht des universalistischen Materialismus

Der Mensch verfügt über die am höchsten entwickelten Formen der Materie. Er besitzt das menschenspezifische Bewußtsein. Das Zentralnervensystem, das Gehirn, die Großhirnrinde und die Grauen Zellen im Kortex sind die am weitesten organisierten Formen der Materie.
Die Großhirnrinde ist die am höchsten organisierte Form der Materie.

Die universalistische Theorie zum Verständnis der Beziehung von Bewußtsein und Sein

Die menschliche Einflußnahme auf das Sein ist nicht absolut, sondern relativ. Zwei Tendenzen widersetzen sich einander:
Das Sein erlange die Herrschaft über das Bewußtsein (Marx).
Das Bewußtsein erlange die Herrschaft über das Sein (universalistische Sicht).
Jede der beiden Positionen ist bemüht, seine Stellung tendenziell zu festigen.

Den Dingen geht der Geist voraus. Der Materialismus von Marx stellt die Beziehung auf den Kopf. Ein materiell vorhandener Gegenstand existierte zunächst als eine Idee im Kopf. Ein gedanklicher Plan wird materialisiert. Es entstehen fehlerhafte Entwürfe. Die realisierten Modelle werden im Kopf abgebildet und korrigiert, dann wieder umgesetzt und so weiter bis das Modell und die Vorstellung miteinander übereinstimmen.
Dieser Vorgang zeigt aber auch, wie mangelhaft eine scharfe Trennung von Bewußtsein und Sein ist. Der Austausch von Bewußtsein und Sein ist dauerhaft permanent und dynamisch.

Und die Moral von der Geschicht': Stets die Herrschaft des Bewußtseins über das Sein anstreben.

Beispiele: Ein gegebenes *Produktionsverhältnis* oder ein bestehendes *Herrschaftssystem* halten so lange, wie geglaubt wird, das Sein bestimme das Bewußtsein.
Ihre Veränderung erfolgt erst über den Kopf, dann wird sie auf die Gesellschaft übertragen. Die Idee materialisiert sich. Aus Bewußtsein wird Sein.
Befreiung
findet erst im Kopf,
dann in der Gesellschaft statt.

Erkenntnisziel des universalistischen Materialismus – Humanismus
Der Universalismus fordert grundsätzlich das Prinzip „Emanzipation hier und jetzt". Jede Vertagung der Revolution ist Konterrevolution.
Zu allen Zeiten ist Revolution und Emanzipation möglich und notwendig.
Mit Hinblick auf die gegenseitige Abhängigkeit von „sein" und „Bewusstsein" ist das Ergebnis stets relativ, nicht absolut.
Die Herrschaft des Bewußtseins über das Sein wird unmittelbar – hier und jetzt – proklamiert. Die Herrschaft des Menschen über das Sein und seine Bedingungen hat das Ziel, den Humanismus durchzusetzen.

Revision des Marxismus muß sein
Mit der entscheidenden Frage, ob Sein oder Bewußtsein das jeweils andere bestimmt, hat sich der Marxismus festgelegt: *„Sein bestimmt Bewußtsein", und zwar einseitig.* Wenn Marx wenigstens die eine Seite durch ihre Umkehrung kompensiert hätte, wäre seine These diskussionsfähig, so aber auf keinen Fall. Mit *„Sein bestimmt Bewußtsein"* hat Marx sich vom Schein über das Sein verführen lassen.
Der Marxsche Ansatz „Sein bestimmt Bewußtsein" ist dringend korrekturbedürftig. Für die Theorie führt er in die Irre, in der Praxis wirkt er sich fatal aus. Die Konsequenz wäre, man muß die Veränderung des Seins abwarten, damit sich das Bewußtsein ändere.
Das Marxsche Prinzip ist fehlerhaft, weil einseitig. Es ist nicht nur einseitig, sondern auch praxisfeindlich. Seine konsequente Lesart bedeutet Passivität in der Praxis: Die Veränderung des Seins abwarten.

Wie einleitend ausgeführt, haben wir die Materie als intelligent qualifiziert. Es ist unvorstellbar, daß zu irgendeinem Zeitpunkt *Sein ohne Bewußtsein*, oder *Bewußtsein ohne Sein*, bestanden haben, wobei das Bewußtsein stets dem Entwicklungsstand des Seins entspricht. Idee und Materie waren zu aller Zeit, das heißt ewig, einander komplementär. Nie hat das eine ohne das andere bestanden. Dabei muß die Entwicklung des Geistes Schritt halten mit der Evolution der Materie. Die Wechselbeziehung von Bewußtsein und Sein ist permanent. Sie entwickeln sich dialektisch. Indes kann das Sein dem Bewußtsein bzw. das Bewußtsein dem Sein nachhinken.
Der Satz „Sein bestimmt Bewußtsein" ist nur in Verbindung mit seiner Umkehrung diskussionswürdig, nämlich in der Komplementarität „Sein bestimmt Bewußtsein – Bewußtsein bestimmt Sein".
Doch reicht die Komplementierung allein nicht aus. Entschieden werden muß die Frage der Priorität.

Das Problem der Priorisierung

Konsens von Marx und Khella ist, daß jeder jeweils den Zusammenhang von Sein und Bewußtsein anerkennt. Dissens besteht über die Priorisierung.
Streiten würde man dann nur über die Priorität. Ich persönlich meine: Das Bewußtsein hat Priorität vor dem Sein. In beiden Fällen muß der Satz „Gesellschaftliches Sein bestimmt gesellschaftliches Bewußtsein" in Verbindung mit seiner Umkehrung kompensiert werden. Die Vorrangigkeit des Bewußtseins hat als Konsequenz, das Sein, die Gesamtheit aller objektiven Bedingungen, inhaltlich und praktisch voll wahrzunehmen und die Möglichkeiten auszuschöpfen, es – das Sein – menschengerecht, humanistisch ständig neu zu gestalten.
Nur unter diesem Leitgedanken wird der Materialismus von einer bloßen Anschauung zur Praxis hin aktiviert werden.
Die Frage nach der Priorisierung von „Bewußtsein" oder „Sein" ist von höchster Bedeutung. Es handelt sich um die theoretische und praktische Grundeinstellung. Sowohl in der Theoriebildung als auch in der gesellschaftlichen Praxis ist die Frage nach der Priorisierung von „Sein" oder „Bewußtsein" bestimmend. Darum wollen wir dieses Problem verbindlich lösen.
Marx erklärte sich als unversöhnlicher Gegner des Idealismus und sich selbst als konsequenter Vertreter des Materialismus.

Bei dieser Polarisierung „Marx versus Hegel“ ist ganz klar, daß bei beiden ein Irrweg beschritten worden ist. Diesen Vorwurf machte Marx seinem Vorgänger Hegel und meinte, ihn zu korrigieren, indem er ihn um 180° dreht. Real jedoch hat Marx sich selber umgedreht und stand seinerseits neben Hegel mit dem Kopf auf dem Boden. Ersterer trage die Fahne des Idealismus, letzterer die Fahne des Materialismus.

Praxisbezug
Selbstverwirklichung („Self fulfilling“)
Die Aussagen „Sein bestimmt Bewußtsein“ und „Bewußtsein bestimmt Sein“ realisieren sich jeweils selber – und zwar jeweils in beiden Fällen.
In dem Fall „Sein bestimmt Bewußtsein (Marx)“ wird das Bewußtsein deaktiviert, weil das Bewußtsein darauf verzichtet, das Sein zu bestimmen.
Mit dieser falschen Weisung und fehlerhaften Priorisierung richtet Marx – über Generationen – großen Schaden an.
Korrigiert muß es heißen: „Bewußtsein bestimmt Sein“. Das „Bewußtsein bestimmt Sein“ ist eine Herausforderung an das Bewußtsein, seine ursprüngliche Hoheit wiederzuerobern und sich selbst – als über das Sein hinaus fortgeschritteneres Bewußtsein – in Handlung umzusetzen.
Das heißt, das Sein auf das Niveau des Bewußtseins bringen.

Marx würde mir vorwerfen: Khella, Du bist Idealist.
Khella antwortet: Ich bin Dialektiker, Humanist und Universalist.
Marx: Khella, Du bist Revisionist.
Khella antwortet: Ich bin Korrektiv, sogar notwendiges Korrektiv.

Korrelation zur Revolutionstheorie – Antithesen zu Marx:
Den Dingen geht der Geist voraus. Der Fall ist nicht nur denkbar, sondern real historisch eingetreten. Die Menschen können auf den Einsatz des Bewußtseins verzichten. Dann regiert das Sein sich selber und über die Menschen. Die Entwicklung wird sich selber überlassen. Der Seins-Zustand kann beliebig lange verharren oder warten, bis das Bewußtsein interveniert, zur Veränderung auffordert und sie einleitet.
Indem Marx die Revolution in seiner Zeit als denkbar und realisierbar verneinte, trägt er Verantwortung dafür, daß sie nicht stattgefunden hat.
Er kanonisierte und sanktionierte den aktuellen Seinszustand. Diese Folgen ergeben sich als Konsequenz aus dem undialektischen Satz, den

Marx zum Gesetz erhoben hat: Das gesellschaftliche Sein bestimmt das gesellschaftliche Bewußtsein.
Marx konstatiert: Das Sein bestimmt das Bewußtsein und sieht sich in der Realität bestätigt. Hat Marx darum recht?
Hier liegt ein Musterbeispiel für den geschlossenen hermeneutischen Zirkel, vor allem aber für die „Selbsterfüllung der Weissagung".
Die Marxsche Revolutionstheorie legt mit prinzipiellem Anspruch fest: Erst müssen die objektiven Bedingungen, sprich das Sein, ausreifen, dann kann die soziale Revolution erfolgen. Das heißt, die Zeit der Ausreifung muß abgewartet werden.
Es ist nämlich so, daß das Sein das Bewußtsein erst dann bestimmt, wenn das Bewußtsein darauf verzichtet, das Sein zu bestimmen. Das heißt: Das Bewußtsein bestimmt das Sein oder es – das Bewußtsein – läßt sich vom Sein bestimmen.
Wir vertreten das Prinzip
Revolution hier und jetzt.
Erklärung: Die Revolution ist eine Überzeugung, die durch den Kopf geht. Sie beginnt als Gedanke im Kopf oder als eine Parole an der Wand. Sie wächst kontinuierlich. Die Vertagung der Revolution ist Konterrevolution.

Elftes Kapitel

Geschichte

Was ist Geschichte? Geschichte läßt sich definieren als die Bewegungsform der Gesellschaft.
Nach der „Ökonomie“ ist „Geschichte“ wichtigstes Stoffgebiet für Marx. Er hatte die Absicht, eine Makrotheorie von Geschichte zu entwickeln. Daraus ist der „Dialektische und Historische Materialismus“ geworden. Leider fehlten Marx Kenntnisse über die Langzeitgeschichte, die Universalgeschichte. Die europäische Historiographie kannte er nur punktuell. Dieses Defizit begründet die Mängel seiner historischen Theorie, die viel zu eurozentristisch behaftet geblieben ist.
Marx interpretierte seine eigene Epoche, die er als „Kapitalismus“ definierte. Ab da zählte Marx die Epochen retrospektivisch als vorkapitalistische Gesellschaften.
Es wäre treffender, hätte Marx seine zeitgenössische Epoche als „Imperialismus“ erkannt. „Kapitalismus“ ist ein rein gedankliches Konstrukt. Konstrukte sind ebenfalls die vorkapitalistischen Epochen „Sklavenhaltergesellschaft“ und „Feudalismus“.
Geschichte bei Marx ist subjektlos. Sie entwickelt sich autonom infolge des Wechsels der Produktionsverhältnisse.

Teil 4 – Geschichte

Zwölftes Kapitel

Die Marxsche Theorie der Geschichte: „Die materialistische Geschichtsauffassung“ (1)

Inhaltsübersicht
1. Begriff
2. Kritik an der Marxschen Geschichtstheorie
3. Praxisbezug

„Die materialistische Geschichtsauffassung“: Marx prägte den Ausdruck „materialistische Geschichtsauffassung“, um einen eigenen Weg der historischen Betrachtung zu indizieren. Zum einen wollte er sprachlich einen Gegensatz zu einer „idealistischen Geschichtsbetrachtung“ kenntlich machen. Zum anderen wollte er das materialistische Prinzip, daß er generell bei all seinen Darstellungen anwendet zur Geltung kommen lassen.
Zum historischen Kontext der Entstehung einer materialistischen Geschichtsschule muß man herausstellen, daß zur Lebenszeit von Marx die Geschichtswissenschaft in Europa erst im Entstehen begriffen war. Die großen Geschichtswerke ägyptischer und arabischer Historiker seit Manetho (4. Jhd. v.Chr.) und seiner Nachfolger mußten in europäische Sprachen zunächst übersetzt werden, um eine Vorstellung von Geschichte zu entwickeln. Marx selber rezipierte Ibn-Ḫaldūn und war von seiner historischen und gesellschaftlichen Theorie und Methode sehr beeindruckt und bemühte sich, ihm nachzuahmen.

Kritik an der Marxschen Geschichtstheorie
Bis zum 19. Jahrhundert befand sich Europa noch im Stadium der Rezeption von Wissenschaften, die von der außereuropäischen Welt, hauptsäch-

lich von der arabischen Region, in den Norden und Westen des Globus gelangten. Bezeichnenderweise enthält das gesamte Werk von Karl Marx, aber auch Friedrich Engels, keine Verweise auf Quellen und benutzte Literatur. Nur wenn die beiden Klassiker andere Autoren angreifen, werden diese namentlich genannt. Ansonsten werden die Ressourcen ihrer Arbeiten weder im Text noch in einer Fußnote noch im Anhang noch sonstwie kenntlich gemacht. Sie suggerieren bewußt, daß sie ihre Schriften als eigene Erfindung, sozusagen als Offenbarung, präsentieren.
Nicht nur für Marx und Engels, sondern auch für andere europäische Autoren des 19. und 20. Jahrhunderts ist es bezeichnend, daß sie sich in einer Theoriekrise befanden. Noch schärfer zeigt sich die intellektuelle Krise in der Methodologie.
Marx – wie auch andere – betrachteten die Mathematik und die Physik als optimale Methode und wandte sie schematisch auf Gesellschaft und Geschichte an. Daß hier nicht nur quantitative und insbesondere qualitative Unterschiede zwischen naturwissenschaftlichen und gesellschaftlichen Analysen bestehen, war Marx offensichtlich nicht bewußt. Ein wesentlicher Unterschied zwischen Natur und Gesellschaft ist der „subjektive Faktor". Die Fünf-Epochen-Tafel des historischen Materialismus ist ein Beispiel dafür, wie schematisch physikalische Methoden auf die Geschichtsdarstellung übertragen werden.

Indes wollen wir damit die Anwendung von physikalischen Methoden auf Gesellschaftswissenschaften nicht prinzipiell ausschließen. Diese müssen aber entsprechend aufbereitet werden, um sie auf einem qualitativ anderen Gebiet anwendbar zu machen. Vorbildlich sind die mathematisch-naturwissenschaftlichen Methoden besonders in bezug auf ihren Anspruch von Präzision und Genauigkeit. Das tut die Universalistische Geschichtstheorie – z.B. bei der Adaptation der Theorie von den langen Wellen[21] – insoweit, eine physikalische Theorie auf historische Probleme zu übertragen. Der wesentliche Aspekt der die Bewegung der Gesellschaft von der Natur unterscheidet ist das Vorhandensein des subjektiven Faktors. Dieser läßt sich nicht auf eine mathematische Formel reduzieren. Es ist nicht hilfreich, Gesetzlichkeiten bei Naturvorgängen auf die Geschichte zu übertragen. Es ist schlicht eine Fehlvorstellung vom Ablauf historischer Prozesse und von ihren Ursachen.

---

[21] Khella, Karam, Die Universalistische Erkenntnis- und Geschichtstheorie, Hamburg 2008, S. 124-128

Es wundert in der Tat, daß sich Marx der Tatsache nicht bewußt war, daß man für die Gesellschaftswissenschaften keine mathematischen und physikalischen Methoden schematisch überträgt.
Es wundert noch mehr, daß Generationen nach Marx ihm darin folgen und ihn – ob seiner ökonomischen und geschichtlichen Arbeiten – zum „Revolutionstheoretiker“ schlechthin erklären.
Es wundert aber nicht, daß der Realsozialismus mit seinen zahlreichen und bedeutenden Mitgliedsstaaten nach einem relativ langen Höhenflug schließlich dem Untergang geweiht wurde. Sie waren außerstande, sich von den Klassikern des Marxismus zu emanzipieren.

Um sein makrohistorisches Konzept zu entwerfen, ahmte Marx einfach u.a. die geologische Erdgeschichte nach und übertrug sie auf die Menschheitsgeschichte. Im Marxistischen historischen Materialismus sind es fünf Epochen gegenüber vier in der Geologie. Die fünf historischen Epochen und ihre Abfolge sind determiniert.
Es ist unbegreiflich, wie jemand, der so wenig von der Universalgeschichte weiß, zum Begründer einer Theorie mit dem Anspruch des Historischen Materialismus proklamiert wird. Das historische Fachwissen von Karl Marx reichte nicht aus, um den Facettenreichtum und die Vielgestaltigkeit der Weltgeschichte in einer Makrotheorie zu komprimieren. Auch wenn wir dem eine europäisch eingeengte Perspektive einräumen, bleibt seine Fünf- oder Sechs-Epochen-Einteilung von Geschichte äußerst mangelhaft.
Nur mit großen Abstrichen wären fünf Stadien höchstens regional und punktuell nachweisbar. Damit aber kann die Kritik an Marx und Engels nicht aufgehoben.

Gewaltig irrt sich der Marxismus in bezug auf den „historischen Determinismus“ Wir wiederholen: Was in der Geschichte eingetreten ist, hatte nicht eintreten müssen. Jede Generation steht vor einem Spektrum von Handlungsalternativen. Eine wurde gewählt, mußte aber nicht gewählt werden.
In jeder Zeiteinheit und vor jedem Schritt bestehen Wahlmöglichkeiten. Jede Entscheidung ist geeignet, den bestehenden Freiheitsgrad zu erweitern oder einzuengen, doch niemals total. Der Lebende steht stets vor einer Wahl.

Praxisbezug

Theoretisch maßgeblich ist die Entscheidung.

Praktisch wirksam ist der Wille, der Wille zu wollen, der Wille zu handeln und schließlich das Handeln selbst.

Die Aussagen von Karl Marx über die „materialistische Geschichtsauffassung“ halten sich in Grenzen. Er selbst hat keine Systematik seiner Geschichtstheorie aufgestellt.

Diesen Schritt hat erst Josef Stalin unternommen. In seinem Werk „Über dialektischen und historischen Materialismus“ (September 1938) bemühte er sich, die relevanten Aussagen von Marx und Engels, die in ihren Werken verstreut vorkamen, zu sammeln und zu ordnen.[22]

Erst Posthum wurde die Marxsche materialistische Geschichtsauffassung zu einer vollständigen Systematik des historischen Materialismus ausgearbeitet. Darum setzen wir die Besprechung der Marxschen Geschichtstheorie im nachstehenden Kapitel fort.

[22] Josef Stalin, „Über dialektischen und historischen Materialismus“ (September 1938): Vollständiger Text mit Kommentar und Kritik in: Khella, Dialektischer und historischer Materialismus, Hamburg 1979.

Dreizehntes Kapitel

Historischer Materialismus

Inhaltsübersicht

1. Was bedeutet historisch?
   „Materialistische Geschichtsauffassung“ als Synonym zu „Hisotmat“
2. Grundlegung des Historischen Materialismus

Was bedeutet historisch?
„Historisch“ und „geschichtlich“ sind zwei verwandte, aber unterschiedliche Begriffe. Im historischen Materialismus bedeutet „historisch“ „gesellschaftsbezogene Geschichte“ im Unterschied zu „naturbezogen“. „Historisch“ und „geschichtlich“ sind semantisch nicht identisch, aber Synonyme, d.h. sinnverwandt. Historisch darf mit geschichtlich nur dann übersetzt werden, wenn Geschichte als Bewegungsform der Gesellschaft und nicht als Gegensatz zur Gegenwart verstanden wird.
Die Universalistische Zeitsemantik vergegenwärtigt die Vergangenheit und nimmt die Zukunft revolutionär vorweg. Die Einheit der Zeit wird wiederhergestellt.
„Materialistische Geschichtsauffassung“: Marx selbst bezeichnete seine Betrachtungsweise als „Materialistische Geschichtsauffassung“. Der Begriff „historischer Materialismus“ wurde posthum eingeführt.

Grundlegung des Historischen Materialismus
Marx selbst hat bedauerlicherweise nur wenig zur Geschichtstheorie geschrieben, zu deren Begründer er posthum erklärt wurde. Eigentlich war es Josef Stalin (1878-1953), der mit der Abhandlung „Über dialektischen und historischen Materialismus (1938)“, die als eigener Lehrgang im Rahmen der „Geschichte der Kommunistischen Partei der Sowjetunion“ erschienen ist, eine Systematik und einen verbindlichen Gesamtentwurf der Theorie vorlegte. Darin hat Stalin den Klassikern Karl Marx, Friedrich Engels und W.I. Lenin die Urheberschaft der Theorie vom dialektischen und historischen Materialismus zugeschrieben. Gleichzeitig begründete

Stalin den Ausdruck „Marxismus-Leninismus“, der als Synonym zu „dialektischem und historischem Materialismus“ gelten sollte.
Anders sieht die Autorenschaft aus, wenn wir die Belege für die Theorie des dialektischen und historischen Materialismus im Gesamtwerk von Marx und Engels suchen. Was Marx an direkten Ausführungen zu den Themen „Materialismus“, „Dialektik“, „dialektischer Materialismus“ und „historischer Materialismus“ darlegt, hält sich in Grenzen. In der zweiten Hälfte seines Lebens befaßte sich Marx hauptsächlich mit der Wirtschaftstheorie. Sein Beitrag zum „Historischen und dialektischen Materialismus“ ist sowohl absolut als auch relativ zu seinem Gesamtwerk recht gering, doch nicht weniger wertvoll.
Zum einen fehlt bei Marx eine elementare und systematische Grundlegung der Theorie. Meist handelt es sich um Exkurse im Rahmen der Erörterung von anderen Themen. Marx weicht, ohne den Faden zu verlieren, vom eigentlichen Gegenstand der Darlegung ab und geht auf theoretische und methodische Fragen ein. Aus diesen meist kurz gehaltenen Exkursen schließen wir auf sein philosophisches System, um die fehlende Monographie zu ersetzen.
Zum anderen fehlt bei Marx die konkrete Anwendung seiner Theorie auf die Analyse einzelner historischen Epochen, wobei die empirische Geschichtsforschung die Aussagen der Theorie falsifizieren oder verifizieren soll.

Die Abhandlungen der Universalistischen Geschichtstheorie bei der konkreten Analyse von Geschichtsepochen beweisen tatsächlich, daß das Marxsche Geschichtsbild auf „Konstrukten“ baut.
Friedrich Engels bestätigt ausdrücklich, daß der eigentliche Begründer der Theorie – die erst später als Marxismus bzw. als dialektischer und historischer Materialismus bezeichnet wird – nicht er (Engels), sondern Karl Marx ist. Darin kommt ein Zug von Loyalität, Bescheidenheit und intellektueller Redlichkeit Engels zum Ausdruck.

Vierzehntes Kapitel

Produktivkräfte

Inhaltsübersicht

Zum Begriff der „Produktivkräfte“ bei Marx

Der Ausdruck „Produktivkräfte“ erlangt im historischen Materialismus eine herausragende Bedeutung. Der Grund dafür ist, daß die gesamte Geschichte der Menschheit ausschließlich unter dem Widerspruch zwischen Produktionsverhältnissen und Produktivkräften gesehen wird.
Unter dem Begriff „Produktivkräfte“ faßt Marx „Produzenten“, d.h. Menschen, und Produktionsmittel, d.h. Werkzeuge, Arbeitsinstrumente und Maschinen, zusammen. Dieses Schema überträgt Marx selbst auf den Kapitalismus, die Produktionsweise seiner Zeit. Bei genauerer Betrachtung dieses Schemas erkennt man, daß Marx die Produzenten von der Gesellschaft absondert und sie in den Fabrikaufbau hinschiebt, wo sie als Komponente der „Produktivkräfte“ hingehören. Zusammen mit den Industrieanlagen werden die Arbeiter subsumiert und behandelt. Die Verbindung „Arbeiter und Maschinen“, die als zwei komplementäre Säulen aufgefaßt werden, ist ein grundlegendes Prinzip der Marxschen Theorie. Darum soll es nicht wundern, daß die Dyade „Mensch und Maschine“ von Marx häufig verwendet wird.

Soziale Revolution

Man hüte sich aber davor, dem naheliegenden, leider sehr verbreiteten Irrtum zu verfallen, dem Marx unterlag. Mit „sozialer Revolution“ bezeichne Marx nicht einen subjektiv bewußt geplanten und durchgeführten Prozeß, der zur gesellschaftlichen Umwälzung führe. Für Marx handelt es sich um einen rein objektiven Vorgang. Darum wundert es nicht, daß Marx nicht von „werktätigen Menschen“ oder „Lohnabhängigen“,

sondern von Produktivkräften, das heißt „Menschen und Maschinen", spricht.
Die soziale Revolution und damit der Wechsel von einer historischen Epoche in die nächste erfolge durch die Zuspitzung des objektiv angelegten Widerspruchs zwischen den Produktivkräften und den Produktionsverhältnissen.
Die Produzenten (Menschen) erscheinen bei Marx als eine passive Masse. Die soziale Revolution ist bei ihm keine bewußte und geplante Handlung, sondern ein rein objektiver Vorgang, z.B. beim Übergang von der Sklaverei zum Feudalismus oder vom Feudalismus zum Kapitalismus.
Durch die soziale Revolution werden neue Instrumente, neuer Status der arbeitenden Menschen und neues Produktionsverhältnis geschaffen. Diese sind

Sklavenhaltergesellschaft:
Sklavenhalter und Sklaven,
Feudalismus:
Feudalherren und Leibeigener,
Kapitalismus:
Kapitalisten und Lohnarbeiter / Proletarier.

Subjektlose Produktivkräfte – ihr mechanischer Fortschritt
Entscheidendes gemeinsames Merkmal von menschlichen und instrumentalen Produktivkräften ist – nach Marx –, daß beide subjektlos sind. Entsprechend ist ihr Fortschritt. Der Fortschritt des Proletariers gegenüber dem Leibeigenen ist analog dem Fortschritt der Werkzeuge von der Landwirtschaft des Feudalismus zur maschinellen Produktion des Kapitalismus. Mit der Modernisierung der Maschinen entwickeln sich parallel die menschlichen Produzenten. Wie die Henne und das Ei sind beide aneinander gekoppelt.

Die Produktivkraft Lohnarbeiter stellt einen Fortschritt gegenüber dem Leibeigenen dar, der seinerseits ein Fortschritt im Vergleich zum Sklaven ist. Dieser Statusaufstieg entspricht dem Fortschritt der Arbeitsinstrumente. Doch für Marx sind allesamt „Produktivkräfte", wobei er stets despektierlich von der menschlichen Komponente der Produktivkräfte spricht.
Am dichtesten zu den Produktionsmitteln stehen bei Marx die Sklaven.
Zu seiner Zeit waren in den USA das Thema Sklaven und ihre Befreiung sehr aktuell. Leider kann man Marx nicht dafür auszeichnen, daß er für

die Sklavenbefreiung eingetreten ist. Erst nachdem sie ihre Freiheit mit Blutopfern erringen konnten, mußte Marx seine Position ändern.[23]

Als Marx 1818 geboren wurde, hatten sich die Sklaven in Mittelamerika bereits befreit. Durch sie wurde die erste Republik der Neuzeit überhaupt schon im Jahr 1804 ausgerufen. Ich sehe bewußt vom Regimewechsel in Frankreich des Jahres 1789 ab, denn es war gerade die „Französische Revolution", welche den Sklavenaufstand in Haiti blutig mit brutalsten Mitteln zu zerschlagen versuchte. In Haiti handelte es sich um echte Selbstbefreiung, bei der viele schwarze Märtyrer im Widerstand ihr Leben opferten. Andere republikanische Systeme der Menschheit folgten dem Beispiel Haitis.

Marx tat sich schwer, den beispielhaften Emanzipationsprozeß Haitis angemessen zu würdigen (Marx, Achtzehnte Brumaire). Ebenso schwerlich konnte sich Marx mit der Sklavenbefreiung in den USA solidarisieren. Den Sklavenstatus hielt er für notwendig zur Entfaltung des Kapitalismus.

Marx erhärtet seine Grundhaltung, indem er den Begriff „Menschen", da – aus seiner Klassentheorie heraus – irrelevante Abstraktion, fallen läßt. Auch hier hüte man sich vor dem hermeneutischen Irrtum, nach dem Marx den Klassencharakter des Menschen betonen wolle. Hintergrund seiner Äußerung ist der Versuch, eine elitäre Auffassung vom intellektuellen Menschen zu prägen, die er gegen die Produktivkräfte abheben will. Im gesamten Werk von Karl Marx sucht Mensch vergeblich nach Belegen für die Beseitigung von Klassendiskriminierung, Geschlechterunterdrükkung oder Rassismus.

[23] Zu den Sklaven, welche Zeitgenossen von Marx waren. MEW 27, 458.

Fünfzehntes Kapitel

Die Sechs-Epochen-Tafel

Tragender Pfeiler des historischen Materialismus ist die Einteilung der Menschheitsgeschichte in fünf Epochen. Nachstehend werden wir sehen, warum es richtiger ist, von sechs Epochen zu sprechen:

1. Urkommunismus,
2. Sklavenhaltergesellschaft,
3. Feudalismus,
4. Kapitalismus,
5. Sozialismus,
6. Kommunismus.
7. Zur Beurteilung und Würdigung der Fünf- bzw. Sechs-Epochen-Tafel

Urkommunismus
Die Theoretiker des historischen Materialismus stellten sich die erste Gesellschaft der Menschheit als eine klassenlose Formation ohne Privateigentum an Produktionsmitteln vor.
Die Universalistische Geschichtstheorie bezeichnet die ersten Formen des Lebens von Menschen in größer wachsenden Gemeinschaften als „Urgesellschaft". Tatsächlich war sie frei von Klassenherrschaft. Dem tut es keinen Abbruch, daß sich soziale Differenzierung herausgebildet hat.
Die historisch-materialistische Literatur – ähnlich der bürgerlichen – beschreibt den Urkommunismus als eine primitive Gesellschaftsformation ohne klassenmäßige Produktionsverhältnisse und ohne die Herausbildung einer beachtenswerten gesellschaftlichen Struktur und eines anerkennenswürdigen Kulturniveaus.

Die Universalistische Geschichtstheorie hingegen stellt fest, daß die Urgesellschaft von höherer Entwicklung war. Die bedeutsamsten Entdekkungen, Erfindungen und selbst Revolutionen der Menschheitsgeschichte, denen wir unsere gegenwärtige Zivilisation zu verdanken haben, von der Urgesellschaft stammen. Wir nennen insbesondere: Die Sprachrevolution, die Agrarrevolution, die urbane Revolution, die Entdeckung

der Zeit und die frühsten Höhlen-, und Wandmalereien sowie die ersten Schriftversuche und Petroglyphen.
Die Agrarrevolution bedingte die Seßhaftigkeit und damit die Akkumulation von Kultur. Die Urgesellschaft war eine Friedenskultur, wobei Konventionen und Absprachen zur Konfliktvermeidung und Streitlösung mit friedlichen Mitteln gegolten haben. Spannungen konnten auf dem Verhandlungsweg geregelt werden.
Engels nennt den Übergang des Urkommunismus in die erste Klassengesellschaft – nach dem Marxismus die Sklavenhaltergesellschaft – „Fortschritt im Rückschritt". Man müßte erwarten, Engels würde ihn „Katastrophe", zumindest „größten Betriebsunfall", den „Supergau der Weltgeschichte", nennen, wäre es ein Übergang von der Freiheit des Urkommunismus in die Ausbeutung der Sklavenhaltergesellschaft. Engels sieht jedoch in der Entwicklung der Produktionsmittel, die vermeintlich mit der Klassengesellschaft begonnen habe, den entscheidenden Fortschritt.

Sklavenhaltergesellschaft
Der historische Materialismus, und namentlich Friedrich Engels, geht davon aus, daß der (technische) Fortschritt an das Aufkommen der Klassengesellschaft gebunden war. Darum spricht Engels vom „Fortschritt im Rückschritt".
Unsere wichtigste Kritik an dieser Vorstellung ist die historische Tatsache, daß die „Klassengesellschaft" in keiner Weise universell war. Es handelt sich um ein punktuelles Phänomen, das in Rom und Athen ausgeprägt war. Die übergroße Mehrheit der Menschheit hat von Anfang an die Versklavung geächtet.
Es sei darauf aufmerksam zu machen, daß die Charakterisierung „Sklavenhaltergesellschaft" im Sinne des historischen Materialismus davon ausgeht, daß eine Produktionsweise erst dann als „Sklavenhaltergesellschaft" gilt, wenn die Produktion hauptsächlich von Sklaven besorgt wird. Um von einer „Sklavenhaltergesellschaft" zu sprechen, reicht es nicht aus, daß Versklavung vereinzelt vorkommt, z.B. in Palästen oder in der Behandlung von Kriegsgefangenen. Umso eindringlicher warnt die Universalistische Geschichtstheorie davor, eine ganze Epoche der Menschheitsgeschichte als Sklavenhaltergesellschaft zu bezeichnen.

Feudalismus

Die dritte menschliche Gesellschaft, das ist die zweite Klassengesellschaft, bezeichnet der historische Materialismus als „Feudalismus". Hier herrsche das Produktionsverhältnis von Feudalherren zu den Leibeigenen.

Hierzu stellen wir fest, daß auch der Feudalismus keine universelle Erscheinung war; vielmehr war er an Europa gebunden. In der übrigen Welt dominierten andere Besitzverhältnisse an Grund und Boden. Das Land war öffentliches Eigentum. Im weiteren gab es Formen des Kollektiveigentums.

In Ägypten, der arabischen Welt und im Bereich der – von Marx – sogenannten asiatischen Produktionsweise sollte Agrarboden nicht privat angeeignet werden. Die Existenzgrundlagen der Menschen durften prinzipiell nicht als Privatbesitz mit der Folge, andere Menschen zu knechten, angeeignet werden. Dieses Prinzip gilt in erster Linie für Wasserressourcen, Grund und Boden, Straßen und natürliche Weiten, das sind Seen, Gebirge, Wälder und Wüste.

Kapitalismus

Wir haben gerade erläutert, daß die „Sklavenhaltergesellschaft" und der „Feudalismus" exemplarische Konstrukte des historischen Materialismus sind. Und wenn die Geschichtsrealität mit der Theorie nicht übereinstimmt, umso schlimmer – für die Realität.

Man wird sich wundern, bei uns zu lesen, daß der Kapitalismus ebenfalls ein Konstrukt ist. Man würde einwenden: Wir leben doch alle im Kapitalismus. Marx hat ihn doch im Kapital genau beschrieben.

Es trifft zu, daß Marx Formeln zur Erklärung von „Gesetzmäßigkeiten der Kapitalakkumulation" voneinander abgeleitet hat. Das Marxsche „Kapital" vollzieht sich unter Laborbedingungen. Marx hat die Welt vor der eigenen Haustür nicht voll wahrgenommen, nicht erkannt.

Marx lebte und wirkte mitten im Militarismus und Imperialismus. Europa führte Kriege, Aggressionen, Völkermord und Raub. Die Beute wurde nach Europa gebracht und umverteilt. Dieser Zustand läßt sich nicht in mathematischen Formeln, die aufgehen, darstellen.

Marx lebte und wirkte in einer Zeit schärfster antikapitalistischer Kämpfe. Indem er die sozialistische Revolution für die Zeit nach der vollen Ausreifung des Kapitalismus vertagte, legitimierte er das Konstrukt, das er selber schuf, den Kapitalismus. Damit einher wurden Unterdrückung und Ausbeutung, weil historisch angelegt, gerechtfertigt. Marx fiel damit

dem alltäglichen Widerstand und den antikapitalistischen Kämpfern in den Rücken.
Zur Zeit von Marx stand die Entwicklung vor vielen offenen Wegen und Kreuzwegen. Es war keineswegs festgelegt, daß die Menschheit den kapitalistischen Weg gehen muß. Der von Marx suggerierte Weg, daß der Kapitalismus historisch angelegt ist, trug nicht unwesentlich dazu bei, daß der Kapitalismus von einem Konstrukt zur Realität wird.
Der Beitrag Marxens war ein schwerer atavistischer Schlag gegen die Arbeiterbewegung und den revolutionären Prozeß.

Sozialismus
Der historische Materialismus spricht traditionell von einer „Fünf-Epochen-Tafel". Ohne uns als Vertreter des historischen Materialismus präsentieren zu wollen, müssen wir an dieser Stelle doch die Zählung korrigieren. Die Zahl „fünf" ergibt sich daraus, daß „Sozialismus" und „Kommunismus" als eine Gesellschaft (mit der Zählnummer 5) aufgefaßt wurden.

Demgegenüber stellen wir fest, daß die Unterschiede zwischen „Sozialismus" und „Kommunismus" qualitativ so groß sind, daß man zwei unterschiedliche Gesellschaften sehen muß.
Der Sozialismus geht (nach Marxscher Auffassung) aus dem Kapitalismus hervor und behält lange Zeit kapitalistische Organisationsformen bei: Lohn, Mehrwertbildung und -schöpfung u.a.m. Das Produktionsverhältnis läßt sich am ehesten als Staatskapitalismus bezeichnen.

Kommunismus
Der Sozialismus unterscheidet sich vom Kommunismus vor allem dadurch, daß ersterer noch eine Klassengesellschaft ist. Letzterer ist eine klassenlose Gesellschaft. Nach marxistischer Auffassung ist der Sozialismus die letzte Klassengesellschaft. Mit der endgültigen Auflösung der Klassenverhältnisse verschwindet auch der Staat. Lenin spricht von „Sterbeperspektive des Staates".

Zur Beurteilung und Würdigung der Fünf- bzw. Sechs-Epochen-Tafel

Die Probleme, welche durch ein derart schematisches Geschichtsdenken aufgeworfen werden, sind viel zu extrem, als daß wir sie unwidersprochen stehen lassen. Das Sechser-Schema zerstört den Facettenreichtum und die Vielgestaltigkeit der Menschheitsgeschichte. Der historische Determinismus teilt Geschichte in eine definierte, begrenzte Abfolge von Epochen ein, die sich an den Fingern einer Hand abzählen lassen. Die Zahl „Fünf" entspricht einem Bedürfnis nach Überschaubarkeit, das auf die Komplexität und Vielgestaltigkeit historischer Prozesse verzichtet und sich damit mehr Kopfzerbrechen erspart. Ein solcher Schematismus setzt ferner voraus, daß es zum Beispiel den „Feudalismus" als mehr oder weniger einheitliche, universelle Produktionsweise gibt. In der Folge müssen extrem unterschiedliche Systeme, z.B. das Kalifat und der europäische Feudalismus gleichgesetzt, zumindest als zwei Varianten einer identischen Gesellschaftsformation gesehen werden.

Tatsächlich hat der historische Materialismus den ihm verpflichteten Geschichtsforschern die Flexibilität genommen. Sie mußten die Ereignisse im Sinne der vom historischen Determinismus vorgegebenen Epochenbestimmung interpretieren. Ihnen blieb nur noch die Aufgabe der Zuordnung übrig.

Größter Fehlschluß des historischen Materialismus ist der *historische Determinismus*.

Sechzehntes Kapitel

Historischer Determinismus

Der Historische Determinismus ist der Modellfall von Geschichtsteleologie, das heißt die Finalität oder Zweckbestimmtheit und Zielgerichtetheit des historischen Gesamtprozesses. Er läßt sich nur noch mit der Heilsgeschichte vergleichen. In beiden Vorstellungen ist die Geschichte final. Wesentliches Merkmal der Teleologie ist die Annahme, daß der historische Prozeß insgesamt festgelegt, auf ein vorbestimmtes Endziel hinausläuft, final ist. Die Entwicklung steuert auf einen im voraus fixierten Endpunkt zu. Die Epochen und ihre Resultate laufen auf diesen vorgesehenen Schluß hinaus.

Das Prinzip „Teleologie“ wurde von Marx angewandt, nicht erfunden. Das christliche Zeitverständnis ist teleologisch. Alle Geschichte läuft auf die Parusie hin und endet mit der endgültigen Errichtung der absoluten Herrschaft Gottes über das gesamte Sein. Der historische Prozeß wird als Heilsgeschichte begriffen und interpretiert. Der algerische, im Christentum allgemein anerkannte große Kirchenvater St. Augustin (354-430) entwickelte die Theologie des vorgegebenen Endziels von Geschichte in beeindruckender Systematik, die für die christliche Philosophie orientierend wurde.

Allgemein kennzeichnet die Teleologie das Geschichtsverständnis der Religionen. Auch unterschiedliche Weltanschauungen und Philosophien sehen die historische Entwicklung unter teleologischem Gesichtspunkt. Der historische Prozeß richte sich nicht nach menschlichem Willen, sondern nach einem prädestinierten Ziel, das der Geschichte innewohnt. Die Geschichte entfalte sich nicht gemäß menschlichen Entscheidungen und nicht als Resultat von freigewählten Handlungen, sondern nach einem von der Kausalität unabhängigen Zweck. Das Ziel der Geschichte liegt in ihrem Verschluß verborgen. Die der Geschichte innewohnende Dynamik steuert auf das Ziel hin wie ein Reisezug, der auf die vorgegebene Endstation zufährt. Philosophische Schulen übernahmen diese Vorstellung. Zu diesen zählen Marx und Engels. Sie folgten darin ihrem Idol Hegel. G.W.F. Hegel (1770-1830) vertrat das Prinzip vom „Verschluß von Geschichte“ mit der Konsequenz vom „Ende der Geschichte“. Die Folge ist: Die Epochen werden nicht von den Anfängen bis zur Gegenwart analy-

siert, sondern vom hypothetischen Ende her definiert und spekulativ interpretiert.
Die Marxsche Version von Teleologie ist durchaus säkular. Deshalb unterscheidet er sich prinzipiell aber nicht von der theologischen Teleologie. Bei beiden ist Geschichte final, zielgebunden.
Ein Faden zieht sich vom Urkommunismus über Sklavenhaltergesellschaft, Feudalismus und Kapitalismus bis zum Endkommunismus heimlich hindurch. Die Epochen bewegen sich zum Zwecke der Geschichte und steuern unausweichlich auf das Endziel hin. Der historische Endzweck wohnt der Geschichte inne.

Dem historischen Determinismus ist – nach Marx – nicht nur die Basis, sondern auch der Überbau unterworfen

Bezogen auf den Kapitalismus – als Beispiel – ist sein Niedergang vorbestimmt. Er muß dem Sozialismus weichen. Dabei ist nicht nur das kapitalistische Produktionsverhältnis determiniert, sondern auch die politischen, ideologischen, juristischen u.a. Verhältnisse. Die Determinationsstruktur ist also komplex und umfaßt Basis und Überbau. Ihr Niedergang ist nicht synchron, so daß im Übergangsstadium Basis und Überbau auseinanderklaffen. In letzter Instanz bleibt die Basis, d.h. das Produktionsverhältnis, als maßgebliche Determinante.
Der Sozialismus schafft seinen eigenen Überbau.
Gefährlich ist der historische Determinismus nicht nur in der Theorie, sondern auch in seiner praktischen Konsequenzen. Der Marxismus unterschätzt die Bedeutung der Gegensteuerung. Er leugnet, daß die Geschichte anthropogen ist. Er begünstigt die Abstinenz in der Praxis.
Mit dem historischen Determinismus hat der Marxismus sich in eine gefährliche Spekulation begeben und dabei jeden Idealismus übertroffen.
Der Determinismus ist eine tödliche Falle für alle, die daran glauben.
Marx und Engels waren sogar teleologische Extremisten. Der bisherige Verlauf der Geschichte war keine Möglichkeit, sondern Notwendigkeit. Er sei unausweichlich gewesen. Geschichte hätte sich nicht anders entwickeln können. Die Zukunft ist ebenso vorgeschrieben und festgelegt.

Ironischerweise bezeichnen Marxisten dieses Konzept – den historischen Determinismus – als „wissenschaftlichen Sozialismus“. Der Gipfel der Ironie stammt von Marx und Engels selber. Über den determinierten Übergang des Kapitalismus in den Sozialismus verfaßte Friedrich Engels eine eigenständige Monographie: „Der Übergang des Sozialismus von

der Utopie zur Wissenschaft.“ Auf diese Schrift geht der Ausdruck vom „wissenschaftlichen Sozialismus“ zurück.
In dieser Vorstellung von Zwangsläufigkeit dürfte auch die Metaebene gelegen haben, von der Marx ausging, um den Hauptteil seines schaffenden Lebens mit der Erstellung des „Kapitals“ zu verbringen. Das umfangreiche Werk „Das Kapital“ sollte beweisen, daß nach dem Kapitalismus der *Sozialismus* kommen muß. Daraus erwachse der Kommunismus. Damit wäre die Geschichte am Endziel angelangt. Marx und Engels vertraten ihr Geschichtskonzept nicht als eine Möglichkeit, sondern als Zwangläufigkeit.
Das sind Fälle von neuen Mythen, welche den alten in nichts nachstehen. In der Sowjetunion wurde der „Historische Determinismus“ im Jahr 1928 zur staatlich verbrieften Lehre verabschiedet.

Siebzehntes Kapitel

Prinzipien des Historischen Materialismus

Inhaltsübersicht

1. Ökonomische Basis als historisch bestimmender Faktor des menschlichen Seins
2. „Produktionsweise" und „Produktionsverhältnis" als die beiden Grundelemente der ökonomischen Basis des Seins
3. Grundwiderspruch
4. „Soziale Revolution"
5. Festgelegte Abfolge der historischen Epochen
6. Teleologie und Finalität
7. „Historischer Determinismus"
8. Sechs Epochen der Menschheitsgeschichte
9. Begründung und Logik der Abfolge
10. Notwendigkeit des Kapitalismus
11. Klassenlose Gesellschaft und die Sterbeperspektive des Staats
12. Basis und Überbau
13. „Primat der Ökonomie vor der Politik"
14. Kultur
15. Praxisbezug

Zur Übersichtlichkeit numerieren wir die einzelnen Inhalte der Theorie vom „Dialektischen und Historischen Materialismus".

Ökonomische Basis als historisch bestimmender Faktor des menschlichen Seins

Im Vorwort „Zur Kritik der Politischen Ökonomie" (1859) dokumentiert Marx die Erkenntnis, daß das ökonomische Sein geschichtliche Basis ist. Seine Bewegung bestimmt den Menschen. Der dem materiellen Sein innewohnende Antagonismus hat Eigendynamik, die als Triebkraft von Geschichte aufzufassen ist. Gesellschaftliches Bewußtsein entwickelt sich in Abhängigkeit von der Entfaltung der Widersprüche des Seins, d.h. der Produktionsverhältnisse.

„Produktionsweise“ und „Produktionsverhältnis“ als die beiden Grundelemente der ökonomischen Basis des Seins

Die Produktionsweise und das ihr zugehörige Produktionsverhältnis bilden die wirtschaftliche Grundlage der Gesellschaft und die ihnen entsprechende Gesellschaftsformation. Diese beruht auf der ihr eigenen Produktionsweise mit dem ihr zugehörigen Produktionsverhältnis. Diese beiden (Produktionsweise und Produktionsverhältnis) bilden die „materielle Grundlage“ oder „ökonomische Basis“ des gesellschaftlich organisierten menschlichen Seins.

Grundwiderspruch

Das Produktionsverhältnis gestaltet sich als ein Gegensatz zwischen den Produzenten – Sklaven, Leibeigenen, Bauern, Arbeitern – und den Eignern der Produktionsmittel. Dieser Antagonismus bildet den „Grundwiderspruch der Epoche“.
Der Widerspruch entwickelt sich im Verlauf der Geschichte, verschärft sich und spitzt sich so weit zu, daß das Produktionsverhältnis nicht mehr aufrechterhalten werden kann. Es kommt zur *„sozialen Revolution“*.

„Soziale Revolution“

Die soziale Revolution führt dazu, daß die gesamte Gesellschaftsformation mit ihrem Produktionsverhältnis und ihrer Produktionsweise zerschlagen und durch eine andere – höher entwickelte – abgelöst wird.
Träger der sozialen Revolution sind – logischerweise – nicht die Ausbeuter, sondern die unterdrückte, ausgebeutete Klasse.

Festgelegte Abfolge der historischen Epochen

Jede Gesellschaftsformation geht mit der folgenden schwanger. Die Abfolge dieser Gesellschaftsformationen ist nicht beliebig, nicht zufällig, nicht von Menschen freigewählt, sondern gesetzmäßig, zwingend, determiniert.
Was in der Geschichte eingetreten ist, hatte eintreten müssen. Die Generationen standen nicht vor der Möglichkeit, einen eigenen, selbstge-

wählten Weg zu gehen. Vielmehr besteht ein Nomismus des historischen Ablaufs.

Teleologie und Finalität
Zielgerichtetheit und Zweckgebundenheit der historischen Entwicklung ist eine konstitutive Grundlage des marxistischen Geschichtsdenkens. Ebenso festgelegt ist das Endziel von Geschichte.
Der historische Materialismus ist somit streng final und teleologisch.

„Historischer Determinismus"
Die Abfolge der historischen Epochen ist zwingend. Ihre Notwendigkeit und Unausweichlichkeit werden als „*Historischer Determinismus*" bezeichnet. Bedeutung und Begründung des historischen Determinismus: Die einzelnen Gesellschaften, ihre jeweilige Ablösung und ihre Reihenfolge sind nicht fakultativ, sondern obligatorisch weil prädestiniert. Jede der Gesellschaftsformationen ist „notwendig", d.h. sie hat kommen müssen. Jede dieser Gesellschaften war keine Möglichkeit, sondern Notwendigkeit. *Die historischen Epochen und ihre Abfolge sind vom Willen der Menschen unabhängig.* Sie entwickeln sich selbsttätig.

Sechs Epochen der Menschheitsgeschichte
(Wir haben die ursprüngliche Zählung von „fünf" auf „sechs" korrigiert). Nach dem historischen Materialismus besteht die Menschheitsgeschichte aus fünf (lies: sechs) Epochen. Diese sind:
Urkommunismus, Sklaverei, Feudalismus, Kapitalismus, Sozialismus und Kommunismus. Eigentlich sind es sechs Epochen, da Sozialismus und Kommunismus doch grundverschieden sind.
Der Realsozialismus hat während der ganzen Zeit (1917-1991) an diesen Prinzipien streng festgehalten, auch an der Annahme, daß das sozialistische Stadium des Arbeiterstaats zum Kommunismus führen müsse. Realhistorisch trat – gegen die Erwartung – ein Rückfall vom Sozialismus in den Kapitalismus – leider!
Die sechs sind historische Stadien. Sie folgen aufeinander nach eherner Gesetzmäßigkeit aufgrund der Eigendynamik, welche den Epochen innewohnt. Mit Ausnahme des Urkommunismus und des End-Kommunismus handelt es sich um Klassengesellschaften.

Jede Klassengesellschaft bricht am eigenen Widerspruch zusammen. Aus ihrem Schoß geht die nächste hervor.

Begründung und Logik der Abfolge

Da die „soziale Revolution“ von der ausgebeuteten, unterdrückten Klasse ausgeht, müsse sie einen Vorteil für die Träger dieser Revolution bringen. Aus den Sklaven der Sklavenhaltergesellschaft werden Leibeigene. Aus den Leibeigenen des Feudalismus werden Lohnarbeiter. Aus den Lohnarbeitern des Kapitalismus werden freie Arbeiter im Sozialismus. Aus dem Arbeiterstaat entwickelt sich die klassenlose Gesellschaft des Kommunismus.

Notwendigkeit des Kapitalismus

Aus dieser Logik heraus ist es nur konsequent, wenn Marx die „Notwendigkeit des Kapitalismus“ vertritt.
Für Marx war der Kapitalismus unausweichlich. Der eigenen Logik treu bleibend vertrat Marx die Unausweichlichkeit und Zwangsläufigkeit des Sozialismus. Im Kapitalismus sah Marx das Gute, denn er bildet den (notwendigen) Übergang zum Sozialismus.
Es ist ein verbreiteter Irrtum, daß Marx „Antikapitalist“ sei. Das kann er nicht gewesen sein, ohne die eigene Theorie zu verraten. Er war fest der Überzeugung, daß sich der Kapitalismus voll entfalten muß, da erst dadurch die Bedingungen für das Aufkommen des Sozialismus ausreifen. Nach Marx: Ohne Kapitalismus kein Sozialismus und Kommunismus.
Marx ging so weit, antikapitalistische und selbst Lohnbewegungen (theoretisch) zu bekämpfen, da sie die volle Entfaltung des Kapitalismus behindern. Darum ging es überhaupt in seiner Schrift „Lohn, Preis, Profit“. Hier war Marx direkt. In diese Richtung steuern überhaupt seine gesamten ökonomischen Schriften hin.
Man muß das Marxsche Werk regelrecht mißdeuten, um es als Aufruf zum antikapitalistischen Kampf zu deuten.
Der späte Marx mußte sich gegen die gehäuften Vorwürfe rechtfertigen, er falle dem Proletariat in den Rücken und sabotiere ihre Kämpfe für den gerechten Lohn. Den gerechten Lohn gibt es nicht, sagte Marx. Zur Organisationsfrage der Arbeiterschaft mußte er, wohl konzessionsweise, sagen, er sei nicht gegen die Gewerkschaftsbildung.

Klassenlose Gesellschaft und die Sterbeperspektive des Staats
Der Arbeiterstaat des Sozialismus ist die letzte Klassengesellschaft. Aus ihrem Schoß geht die klassenlose Gesellschaft hervor. Da er eine klassenlose Gesellschaft ist, bedarf der Kommunismus keines Staates. Der Übergang vom Sozialismus zum Kommunismus erfolge ohne staatliche oder sonstige Zentralgewalt.
Der Staat wird überflüssig und stirbt ab (Er wird nicht zerschlagen!).

Basis und Überbau
Sämtliche Phänomene der Gesellschaft teilte Marx in zwei Kategorien ein, nämlich Basis und Überbau. Eine beliebige Erscheinung ist entweder Basis oder Überbau. Diese beiden Kategorien definieren auch die Beziehung der Phänomene zueinander. Nach Marx ist die Basis primär, der Überbau sekundär. Erstere ist die „ökonomische Grundlage der Gesellschaft“, letzterer der Rest.
Dieser Ökonomismus wirkt sich nicht nur bei den beiden Klassikern, sondern auch auf all ihre Anhänger aus. Den dem historischen Materialismus verpflichteten Autoren nahm dieser Schematismus die Flexibilität, die zur Erschließung der Vielfalt von Wirkungszusammenhängen notwendig ist.
Jede Produktionsweise stellt ein eigenes Produktionsverhältnis und eine eigene Gesellschaftsformation dar. Das Produktionsverhältnis bildet den Grundwiderspruch der Epoche. Er bestimmt die materiellen Bedingungen der Gesellschaft, aber auch ihren politischen, ideologischen und kulturellen Überbau und seine Entwicklung.

„Primat der Ökonomie vor der Politik“
Der historische Materialismus beruht auf dem Prinzip vom „Primat der Ökonomie“ vor der Politik. Das heißt: Es sind nicht die politischen Entscheidungen, Werte und ethischen Orientierungen, welche das gesellschaftliche Leben bestimmen, sondern die Ökonomie, ihre Zwänge und Gesetzmäßigkeiten.
Die primäre und letzte Ursache der Bewegung ist der Grundwiderspruch des Produktionsverhältnisses.

Die Menschen haben keine Möglichkeit, ihre gesellschaftliche Organisation frei zu bestimmen und die Gestaltung ihres sozialen Lebens selbst zu wählen. Denn die „Ökonomie herrscht über Politik“.

Der Marxismus räumt dem Überbau gewisse Eigenständigkeit und begrenzte Flexibilität seiner Entwicklung ein. Der Überbau darf aber auf keinen Fall die Gesetze der Ökonomie brechen, sich wesentlich oder langzeitig von der Basis entfernen. Prinzipiell können Basis und Überbau nicht qualitativ auseinanderklaffen.

Kultur

Den Reichtum der Völker an Kulturen, Traditionen und Werten fegte der Marxismus hinweg; sie seien Überbau der Klassengesellschaft oder Aspekt von Rückständigkeit.

Praxisbezug

Ökonomismus und Mechanismus führen zur Passivität gegenüber den Zwängen der objektiv bedingten Entwicklung. Der Geschichte freien Lauf lassen fordert die Marxsche These. Aus dem historischen Determinismus ergibt sich eine abwartende Haltung. Der Kampf gegen objektiv bedingte Entwicklungen schade nur, denn er hemme die Entfaltung des Kapitalismus, der durchlaufen werden muß, um zum Sozialismus zu gelangen. Bis hin zu einer Politik des *Hände in den Schoß legen* sind Einstellungen direkt oder indirekt vertreten worden.
Marx geht noch weiter. Aus seiner Grundeinstellung heraus prangert er Ethik und Moral an. Auch diese sind nach ihm Eingriffe in den Nomismus des Produktionsprozesses. Man soll nicht mit dem ethischen Argument intervenieren: „Es sei moralisch“, lautete das marxistische Gegenargument. Nichts solle getan werden, nur weil es einen „Wert“ darstelle. Es gelten allein die Eigengesetze der Warenproduktion.

Primäre Quellen
Karl Marx, Kritik der Hegelschen Dialektik und Philosophie überhaupt, 1840 (in: MEW; EB 1, SS. 568-588). Die Frühschrift wurde erst posthum ediert.

Wichtigste Aussagen vom Marx-Text zur Grundlegung des historischen Materialismus ist die Vorrede „Zur Kritik der Politischen Ökonomie“: Karl Marx, Zur Kritik der Politischen Ökonomie, in: MEW, 13.

Friedrich Engels bezieht sich in seinen Arbeiten auf seinen Lebensgefährten und Gesinnungsgenossen Karl Marx. Von Engels zur Thematik des Dialektischen und historischen Materialismus:
Friedrich Engels, Ludwig Feuerbach und der Ausgang der klassischen deutschen Philosophie, Stuttgart 1866 (MEW 21).
Friedrich Engels, Die Entwicklung des Sozialismus von der Utopie zur Wissenschaft, MEW.
Friedrich Engels, Dialektik der Natur (unvollendeter Aufsatz), MEW
Für Leserinnen und Leser, die mehr über „Dialektischen und historischen Materialismus“ wissen möchten, erlaube ich mir, auf das Buch: „Khella, Dialektischer und historischer Materialismus“ Hamburg 1979 aufmerksam zu machen.

Achtzehntes Kapitel

Epikrisis

Wertung, Würdigung und Beurteilung des Marxschen historischen Materialismus

Kerngedanken des Marxschen historischen Materialismus lassen sich wie folgt zusammenfassen:

1. Die Geschichte entwickelt sich autonom, selbsttätig.
   Sie bewegt sich vom Niederen zum Höheren.
2. Endziel der Geschichte ist Sozialismus und Kommunismus.
   Damit hat sich Marx das Prinzip Teleologie voll zueigen gemacht.
3. Die Übergänge von einer Gesellschaftsformation zur anderen werden als „soziale Revolution" bezeichnet. Damit betrachtet Marx die Brüche als charakteristisch für den historischen Ablauf; Kontinuität besteht nicht. Wenn es überhaupt eine Kontinuität gibt, dann nur rudimentär und völlig untergeordnet.
4. Mit jedem Übergang rückt das Endziel der Geschichte näher.
5. Da der Marxismus die Geschichte als einen Prozeß von der Sklavenhaltergesellschaft über den Feudalismus zum Kapitalismus begreift, stellt er jede dieser Epochen gegenüber der vorausgegangenen als weniger ausbeuterisch, weniger unterdrückerisch, weniger brutal dar. Der Feudalismus wird durch die Sklavenhaltergesellschaft rehabilitiert.
6. Entscheidendes Ergebnis der Marxschen Geschichtsauffassung ist die völlige Rehabilitierung des Kapitalismus, dessen Ausbeutungssystem von Marx in den Schatten größerer Greueltaten von Feudalismus und Sklaverei gestellt wird. Typisches Beispiel dafür ist der Abschnitt „Blutgesetzgebung"[24]
7. Wenn Marx oder Engels außereuropäische Geschichte referieren,

[24] Karl Marx, Das Kapital, 24. Kapitel, „Blutgesetzgebung gegen die Expropriierten seit Ende des 15. Jahrhunderts", MEW 23, 761-773, den Marx an den Schluß seines ersten Bandes vom „Kapital" angehängt hat.

dann nur, um allgemein die europäische zu verherrlichen und insbesondere den Kapitalismus zu rehabilitieren.

Marx und Engels reproduzieren damit das eurozentristische Muster: Die Völker der Welt herabsetzen, um Europa in einer höheren Stellung erscheinen zu lassen.

8. Der „Kapitalismus", richtiger „Kolonialismus" und „Imperialismus", hat jedoch entgegen Marx' Darstellungen alle vorkapitalistischen Gesellschaften an Ausbeutung und Unterdrückung übertroffen – zwar nicht auf Europa bezogen, aber im Weltmaßstab gesprochen.
9. Die „Bourgeoisie" ist revolutionär. Die These wird zum Angelpunkt der Marxschen Analyse. Der Kapitalismus ist die fortgeschrittenste Produktionsweise aller bisherigen Gesellschaften. Die Ausbeutung nimmt in Richtung Kapitalismus ab. Der Kapitalismus wird als der Höhepunkt der bisherigen Zivilisationsgeschichte gesehen. Nicht nur unter dem Aspekt, der Kapitalismus übe weniger Ausbeutung als vorkapitalistische Gesellschaften aus, sondern auch in Bezug auf seine Leistungen als Fortschritt und entscheidender Schritt zum Sozialismus hin.
10. Der Kapitalismus habe die Sklaven und Leibeigenen befreit. Hier wird deutlich, wie schlecht die Geschichtskenntnisse von Marx selbst von der eigenen Epoche sind. Noch nie war die Ausbeutung so extrem wie im Kapitalismus. In Verbindung mit Kapitalismus hat der Imperialismus die größten Verbrechen gegen die Menschlichkeit verübt.

    Marx hängt der Illusion nach, der Kapitalismus – im Marxschen Kontext Europa – habe die Sklaven befreit. Das gilt vielleicht insular, nur auf Europa bezogen, wenn wir von der Lohn- und Bankensklaverei einmal absehen. Real hat der Kapitalismus, sprich Europa, die Versklavung erst recht eingeführt. Gemeint ist nicht die Metapher vom „Lohnsklaven", sondern der tatsächliche Menschenhandel der Weißen mit Schwarzafrikanern, wodurch der Reichtum Europas wesentlich mitbegründet wurde.
11. Bis auf die teleologische Annahme, daß der Kommunismus Endziel der Geschichte ist, bleibt – nach Marx – der Kapitalismus die humanste Epoche aller bisherigen Gesellschaftsformationen. Marx legt größten Wert darauf, die Verdienste des Kapitalismus nicht nur allgemein herauszustellen, sondern gerade auch teleologisch zu legitimieren. Ohne Kapitalismus kein Sozialismus und Kommunismus. Dem Sozialismus ist der Kapitalismus eine unabdingbare Voraussetzung. Für den Kapitalismus besteht deshalb eine Notwendigkeit.

12. Die politische Ökonomie Marx' ist – richtig gelesen – eine Legitimation des Kapitalismus. Er muß voll entfaltet werden, damit die Bedingungen für den Sozialismus ausreifen. Einen besseren Apologeten hätten sich die Kapitalisten nie erträumen können. Revolutionäre Kräfte, die sich gegen den Siegeszug des Kapitalismus gestellt haben, bezichtigte Marx als „Reaktionäre", ihre Sabotageaktionen als „töricht", hierzu ganz besonders die „Maschinenstürmer".
13. Die These von der „Unvermeidbarkeit des Kapitalismus" hat seit ihrer erstmaligen Verkündung revolutionäre Menschen völlig desorientiert. Marx ist anzulasten, daß er mit dieser Irreführung einen fortgeschrittenen weltrevolutionären Prozeß zurückgeworfen, theoretisch und damit praktisch sabotiert hat.
14. Marx theoretisierte für den Siegeszug von Kolonialismus und Imperialismus. Dadurch komme Kapitalismus in die rückständige außereuropäische Welt, die hoffentlich dann für die sozialistische Revolution ausreifen würde.
15. Die größten Verbrecher der Geschichte werden zur revolutionären Klasse erhoben. Die Marxsche bürgerliche Klasse ist keine andere als die den Imperialismus tragende soziale Kraft.
    Richtig ist, daß die von Marx zur „revolutionären Klasse" erhobenen Bourgeoisie die kriminellste aller bisherigen ausbeuterischen Klassen ist.
    Ihr sind die Greueltaten des Imperialismus in vollem Umfang anzulasten. Diese aber sind die größten Verbrechen aller bisherigen in der Weltgeschichte: Massen- und Völkermord, Raub und Plünderung, verbrannte Erde und irreversible Zerstörungen.
    Für Marx ist genau diese europäische Bourgeoisie revolutionär.
16. Das ist der Punkt, an dem sich Machiavellismus und Marxismus begegnen. Der Kreis der europäischen Philosophie schließt sich. Die Begriffe vom abendländischen Humanismus und revolutionären Marxismus werden zur Farce.

Fazit

Es ist das Verdienst des Marxismus, die Bedeutung der Produktionsanalyse herausgearbeitet zu haben.

Hauptmangel des Materialismus von Marx ist die Frage der Machbarkeit von Geschichte oder, was dasselbe ist, des historischen Subjekts. Bei Marx ist die Geschichte nicht anthropogen. Sie wird entsubjektiviert. Sie bewegt sich als Folge der dem Produktionsprozeß innewohnenden Widersprüche und deren Entfaltung. Für Marx ist die materielle Geschichtsbasis die Produktionsweise mit ihren beiden Komponenten von Produktionsverhältnissen und Produktivkräften. Der Mensch ist zwar wichtigste Produktivkraft, in der Klassengesellschaft ist er jedoch Objekt und nicht Subjekt der Geschichte.

Resultat:
Für Marx ist der Kapitalismus historisch vorbestimmt. Naturgesetzlich tritt die Klassengesellschaft mit einer determinierten Abfolge von Epochen ein, bis den Kapitalismus der Sozialismus ablöst. Die Entwicklung der kapitalistischen Produktionsweise ist ebenso eine Naturnotwendigkeit wie ihre Aufhebung durch den Sozialismus.

Neunzehntes Kapitel

Marxsche Anthropologie (2)

Das Menschenbild von Karl Marx im Kontext seines philosophischen Systems

Zur Marxschen Ontologie und Anthropologie
Der Mensch bei Marx ist nur Produkt, nicht Schöpfer, nur Objekt nicht Subjekt. Hieraus die Frage: Wer ist des Menschen Schöpfer?
Marx: Des Menschen Schöpfer sind die Produktionsweise und die Produktionsverhältnisse, die ökonomische Basis, das materielle Sein.
Bei diesem Schema handelt es sich bei Marx um eine grundsätzliche These, um ein generelles Erklärungsmuster. Phänomene seien entweder Basis oder Überbau. Der Mensch selbst ist eines dieser Phänomene. Mit Händen und Füßen steckt er in der Basis, der Kopf ist Überbau. Es ist also nicht der Mensch, der sich selbst und das Sein schafft, sondern die Produktionsverhältnisse schaffen den Menschen.

Tatsächlich erscheint bei Marx die Produktion buchstäblich als allmächtig. Sie nimmt den Stellenwert einer klassischen Gottheit ein mit den Eigenschaften der Omnipotenz und Absolutheit. Der stumpfsinnige Produktionsprozeß regiert die Welt, die Geschichte, den Menschen und die Vernunft, nicht umgekehrt, so Marx.
Nationalökonomie und eine gesamtwirtschaftliche Rechnung mögen sich dazu eignen, Handel und Marktspiele zu verstehen. Als Ontologie, Anthropologie oder gar als Revolutionstheorie eignen sie sich nicht.
Wir brauchen die Ökonomik, um die täglichen Manipulationen durch Banken und auf dem Markt zu verstehen und zu entlarven. Basiskenntnisse der Wirtschaftslehre sind als Agitationsmittel gegen Raffgier, Teuerung und Inflation sachdienlich und nützlich, nicht aber als Herrscher über die Vernunft.
Es wundert in der Tat, daß man den Marxismus zur Grundlage der politischen Orientierung wählt. Nur das Interesse vom Kapitalismus und Imperialismus am Marxismus vermag ich zu verstehen.

Der politischen Bewegung und allen Menschen guten Willens kann ich nur raten, auf die eigenen Kräfte zu vertrauen, sich auf ihre Hoffnungen, menschlichen Ideale und humanistischen Werte zu besinnen. Die Betroffenen selbst sollen gesellschaftliche Entwürfe aufstellen und realistische Utopien als Mittel zur Überwindung der imperialistischen Herrschaft entwickeln.

Das Menschenbild von Karl Marx

Wann immer die Frage nach dem Menschenbild bei Marx gestellt wird, verweist man auf die sechste These über Feuerbach:
„Feuerbach löst das religiöse Wirken in das menschliche Wesen auf. Aber das menschliche Wesen ist kein dem einzelnen Individuum innewohnendes Abstraktum. In seiner Wirklichkeit ist es das Ensemble der gesellschaftlichen Verhältnisse".[25] Die Richtigkeit ihres Wortlautes kann man kaum bestreiten. Bei den Elf Thesen ad Feuerbachliefert Marx schöne, konsensfähige Formulierungen. Die Sechste reicht aber nicht aus, um die Marxsche Anthropologie zu rehabilitieren.

Was sagt die sechste These denn eigentlich aus?
Der Mensch ist das Ensemble der gesellschaftlichen Verhältnisse. Wir müssen aber dazu hinzufügen: Auch der Nomismus der Natur geht in die Gesetzmäßigkeit der gesellschaftlichen Entwicklung über. Die Naturgesetze werden historisch vermittelt. Die Aneignung der Natur ist nicht gesellschafts-***un***-abhängig.

Um kritisch das Marxsche Menschenbild zu beurteilen, müssen wir es in den Kontext seiner gesamten Theorie stellen.
Das Menschenbild Marxens ist ein Aspekt seiner Geschichtsauffassung. Nach ihm ist Geschichte nicht anthropogen, sondern Produkt der Produktionsverhältnisse.

Nach alldem, was wir zur Marxschen Geschichtsauffassung vorgetragen haben, ziehen wir das anthropologisch relevante Fazit:
Demnach ist der Mensch nicht Subjekt, sondern Objekt von Geschichte.

a) Marx vertritt einen subjektlosen Geschichtsbegriff. Dem Menschen ist die Machbarkeit von Geschichte entzogen. Nicht der Mensch macht die Geschichte, sondern die Produktion.
b) Die Geschichte bei Marx ist nicht anthropogen, vielmehr umgekehrt: der Mensch ist Ergebnis der Produktivkraftentwicklung. In diesem Sinne versteht Marx auch seine sechste These über Feuerbach: *„Der Mensch sei das Ensemble der gesellschaftlichen Verhältnisse".*

---

[25] Die Thesen von Marx über Feuerbach, Wortlaut und Kommentar befinden sich in Band I unserer Trilogie: Karl Marx, Leben und Werk, Hamburg 1995, SS. 47-66.

An dieser Stelle müsse der Leser fragen:
„Was sind die gesellschaftlichen Verhältnisse?“
Marx antwortet: „Die gesellschaftlichen Verhältnisse sind die existierenden Produktionsverhältnisse“.

Die Korrelation vom Historischen Materialismus und der Marxschen Anthropologie:
Das Produktionsverhältnis produziert nicht nur „Waren“, sondern auch „Menschen“.
Nicht der Mensch verändert die Produktionsverhältnisse, sondern die Produktionsverhältnisse verändern sich selbst und den Menschen, Dazu: Die Produktionsverhältnisse entwickeln sich selbsttätig, autonom. Sie entfalten den ihnen innewohnenden Widerspruch soweit, bis sie am eigenen Widerspruch zusammenbrechen. Sie werden von einem neuen Produktionsverhältnis abgelöst. Dieses seinerseits schafft die ihm entsprechenden Produktivkräfte, das sind Produktionsmittel und Produzenten, d.h. arbeitende Menschen.

Stellenwert des Menschen im philosophischen System von Karl Marx
Marx stellt sich den Menschen als Produkt seiner *materiellen* Verhältnisse vor. Entsprechend rückt die Analyse der materiellen Basis der Gesellschaft in den Mittelpunkt seiner Philosophie. Noch enger gefaßt bildet die Nationalökonomie den eigentlichen Inhalt der Marxschen Theorie.

Teil 5 – Ökonomik

Zwanzigstes Kapitel

Der Wirtschaftstheoretiker Karl Marx

Inhaltsübersicht

1. Historischer Kontext
2. Zur Methode Marxens
3. Die Ökonomik Marx' und ihr Einfluß auf sein Menschen-, Welt- und Geschichtsbild
4. Erklärung der Bewegung der Geschichte aus der Ökonomie
5. Antithesen zur Marxschen Wirtschaftstheorie
6. Anhang
7. Systemischer Fehler der Marxschen politischen Ökonomie
8. Geschlossener hermeneutischer Zirkel des Marxismus

Historischer Kontext

Um die Mitte der 50er Jahre des neunzehnten Jahrhunderts hat Marx damit begonnen, sich mit ökonomischen Fragen zu befassen. Diese Information erfahren wir aus dem Vorwort der Einleitung „Zur Kritik der politischen Ökonomie", das von 1857 (Entwurf) datiert. Er hat vermutlich an eine zeitlich begrenzte Aufgabe gedacht wie an etliche andere, die er im Verlauf seiner journalistischen Tätigkeit durchführte. Wahrscheinlich hat er anfangs nicht geahnt, daß es sich dabei um eine Lebensaufgabe handeln wird.

Sicher ist, daß er mit Beginn seiner ökonomischen Untersuchungen seine bisherigen Arbeitspläne nicht unter-, sondern abgebrochen hat. Das theoretische Programm, das in den „Thesen über Feuerbach" (1845) angekündigt ist, wird nicht umgesetzt. Die „Deutsch-französischen Jahrbücher" (1844), die so gut begonnen haben, werden nicht fortgesetzt. Die erste Ausgabe war leider auch die letzte.

Marx weicht von seinem bisherigen theoretischen und publizistischen Weg ab und wird Ökonom; schade eigentlich! Die letzten drei Jahrzehnte

seines Lebens werden der Wirtschaftslehre gewidmet. Das Marxsche Produkt geht nicht viel weiter als Smith und Ricardo. Was Marx aber philosophisch geleistet hätte, wäre wahrscheinlich eine mögliche Erneuerung gewesen.
Aus eigener Erfahrung weiß ich: Das Aufregendste an einem Buch steht nicht im Buch: Was hat Marx an der Ökonomik so sehr fasziniert, daß er sie zum Inhalt seines Lebens macht? Vermutlich wollte Marx mit der Analyse seiner eigenen Epoche, des Kapitalismus, einen empirischen Beweis für die Richtigkeit seiner Thesen über die Produktionsweise und Produktionsverhältnisse als die innere Kraft, welche die Dynamik und die Bewegung der Geschichte bestimm, bringen.

Zur Methode Marxens
Das Marxsche Hauptwerk besteht in der Untersuchung der Bewegungsgesetze der Warenproduktion. Modellhaft denkt Marx an eine Ware, die in seiner politischen Ökonomie als „ein Stück“ erscheint. Marx verfolgt die Laufbahn dieser Wareneinheit.
Freilich verhalte sich die Gattung nicht wie ein einzelnes Stück und wiederum als verhalte sich die Gesamtheit aller Waren nicht wie die Gattung. Auf dem Papier lassen sich mathematische Formeln aufstellen und voneinander ableiten. Dennoch gelten die Ableitungen nur in Abhängigkeit von den vom Autor angenommenen Voraussetzungen. Marx überträgt hier eine Vorstellung der Chemie, wo hypothetisch die Reaktionen eines einzelnen Moleküls definiert werden. Einen eigenständigen Lebensweg einer Ware gibt es ebensowenig wie der Wandel eines Moleküls unabhängig von der Gesamtmasse. Dennoch lassen sich die Moleküle gedanklich isolieren, sofern es sich um quantitative Beziehungen handelt. Sie lassen sich nicht isolieren, wenn es um die Qualität geht.
Das Stück „Ware“ stellvertretend für den Kapitalismus zu nehmen wäre vergleichbar mit einem „Euro“, der stellvertretend für das Finanzkapital stünde.
Methodentheoretisch ist die Kritik an Marx voll begründet. Im Textilienbereich kann man die Karriere einer Ware von der Baumwolle bis zum fertigen Pullover verfolgen. Die Marxsche Analyse vom Rohstoff bis zum fertigen Produkt könnte in diesem Fall zutreffen: Ware, Wert, Mehrwert, Verwertung. Das ist aber das Einzelstück, nicht der Kapitalismus. Es ist gerade in diesem besonderen Fall unzulässig, das Einzelstück für das Ganze sprechen zu lassen.

Marx untersucht keine quantitativen Beziehungen: Gewicht, Menge usw., sondern Qualitäten: Übergang der Warenform in eine andere, Tauschverhältnisse, Waren gegen Geld, Ware Arbeitskraft im Verhältnis zur Warenproduktion usw. Hier läßt sich die Ware nicht isolieren. Der gedankliche Vorgang der Segmentierung führt zu systemischen Fehlern. Während die Physik und Chemie auf die Unschärfe-Relation sensibel geworden sind, blieb die starre Mathematik an der Marxschen Ökonomik haften.
Die „Ware", die Einheit der kapitalistischen Produktion, stellvertretend für den gesamten Prozeß als eine ideelle Gesamtware zu nehmen, funktioniert nur unter Laborbedingungen. Die Übertragung auf die Realität war der Kurzschluß, dessen Marx nie bewußt geworden ist. Der Marxsche Irrtum, eine Kapitalismusanalyse unter Laborbedingungen, die zwar auf seinem Schreibtisch aufgeht, in Wirklichkeit jedoch nirgends existiert, hat sich multipliziert. Die marxistische Bewegung verfiel demselben Irrtum. Diesen Aspekt des Methodenstreits wollen wir bei diesem Stand stehen lassen. Die Kritik der Kapitalismusanalyse Marxens soll nicht unbedingt bei diesem methodischen Punkt stehen bleiben.
Noch weniger spielt „der Teil" bei einer Ökonomie, die auf Raubbau und Ausplünderung beruht, eine Rolle.

Die Ökonomik Marx' und ihr Einfluß auf sein Menschen-, Welt- und Geschichtsbild

Das ökonomische Denksystem von Karl Marx ist an sich keine originelle Erfindung. Vorläufer sind vor allem Adam Smith und David Ricardo. Die Leistung von Karl Marx besteht darin, daß er die Ökonomik zum universellen Erklärungstheorem erhoben hat. Alles in der Welt, Geschichte und Gesellschaft, wird auf die Ökonomie zurückgeführt. In diesem Sinne prägte Marx den Begriff „Materialismus".

Zur Grundlage des Werkes „Das Kapital" legt Marx die Formel fest:

$$c + v + m = w$$

wobei sei
c konstantes Kapital,
v variables Kapital (Menschen),
m Mehrwert,
w Wert.[26]

[26] MEW, 23 (Kapital), S 226.

Lohnempfänger sind für Marx ein „v“, sprich variables Kapital, also Kapital aus Menschenmaterial. Heute drücken es Kapitalisten vornehmer aus: „humanes Kapital“. Menschen sind sie im anatomischen, physiologischen Sinn, existentiell sind sie „Zubehör zu Maschinen“. Lohnempfänger sind Menschen, durch die der Kapitalist investiert. Mehr sah Marx in den arbeitenden Menschen nicht.

> *„Der Kapitalist stellt Maschinen, Rohstoffe und Löhne zur Verfügung. Mit den Löhnen stellt der Kapitalist Menschen Arbeitsplätze bereit und verfügt über sie entsprechend.“*

An dieser Stelle wollen wir am Marxschen Diskurs nicht vornehm vorbeiziehen. Es handelt sich um eine typische Ausdrucksweise von Marx, die wir ständig vorfinden, wenn er von arbeitenden Menschen redet. Darum wollen wir sie nicht stehen lassen, sondern exemplarisch diskutieren. Es ist unzulässig, den Marxschen Diskurs damit zu entschuldigen: Er konstatiere nur.
Es wäre nichts gegen einzuwenden, wenn Marx die Kostenfaktoren als solche benennt. Die Löhne werden z.B. mit dem Symbol „L“ bezeichnet. Das ist eine formale Beschreibung. Wenn er aber die Arbeiterschaft „variables Kapital“ nennt, dann ist das keine formale Frage mehr, sondern eine anthropologische Frage.
Man würde es eher tolerieren, wenn Marx – abweichend von seinem dialektischen Diskurs – seinen Vorgängern Smith und Ricardo folgt und eine gesamtwirtschaftliche Rechnung aufstellt.

In einer in Klassen gespaltenen Gesellschaft müssen wir aber auf Parteilichkeit bestehen. Wir erwarten von Marx, sich in die Position der arbeitenden Menschen, deren Anwalt er zu sein beansprucht, zu versetzen. Das tut Marx leider nicht. Er versetzt sich in die Position des ideellen Gesamtkapitalisten, den er – vermeintlich Klassenneutral – vertritt.
Dafür inthronisiert er sich auf dem Lehrstuhl. Umso schlimmer, da Marx seine eigene Theorie offenlegt, indem er in dem Lohnarbeiter nicht den Revolutionär, sondern das „variable Kapital“ sieht. Tatsächlich sieht Marx im Proletariat nur die komplementäre Komponente zu den Maschinen. Revolutionär sind die Arbeiter für Marx in dem Sinne, wie Maschinen durch neue Technologie revolutioniert, also ersetzt werden. Somit ist der Marxsche Diskurs doch konsequent. Damit gilt unsere Kritik nicht Marx, sondern den Marxisten, die ihm folgen.

Marx nennt „Menschen und Maschinen“, wobei der Mensch eine Betriebsgröße neben der Technik ist. Es ist nur logisch, wenn Marx aus dieser Ableitung den Begriff der „Produktivkräfte“ prägt. Er faßt die „Arbeiter“ (= Produzenten) und die „Arbeitsinstrumente“ (= Produktionsmittel) zu einer einheitlichen Größe aus zwei Teilen zusammen.
Der „Mensch“ bei Marx ist ein Objekt. Der subjektlose Mensch wird gemacht. Er ist nicht der Macher der Geschichte, sondern selbst Produkt der Produktionsverhältnisse.

Erklärung der Bewegung der Geschichte aus der Ökonomie

Die Vertiefung Karl Marx’ in die Ökonomik hat seine Gesellschaftsschau und Geschichtstheorie grundlegend bestimmt. Den wesentlichsten Unterschied zwischen dem Marxschen historischen Materialismus und der Universalistischen Geschichtstheorie fassen wir in den nachstehenden Hauptthesen zusammen:
Das Marxsche Hauptwerk, das vierbändige Kapital, geht nicht von den konkreten humanen Wesen aus, sondern von einer an Maschinen gebundenen Masse, anonym, willenlos, den eisernen Gesetzen der Ökonomie und der Produktion völlig unterworfen. Von ihrem geistigen, emotionalen und sozialen Leben außerhalb von Produktion und Reproduktion (bei Marx auf Lebenserhaltung und Nachschub reduziert) wird weitgehend abgesehen.
Bei Marx fehlt das Wesentliche – Die menschliche Subjektivität.

Antithesen zur Marxschen Wirtschaftstheorie

1. Die imperialistische Wirtschaft ist parasitär, die Volkswirtschaften der unterjochten Völker sind produktiv;
2. Hauptsächlicher „Produktivsektor“ der imperialistischen Länder ist die Rüstungsindustrie;
3. Ihre Wirtschaftsweise ist der Krieg;
4. Der „Kapitalismus“ ist nicht „produktiv“, sondern „destruktiv“.

Marx geht nicht von den Menschen, sondern von der gegebenen Produktionsweise aus. Die Menschen sind nicht Subjekt, sondern Objekt der jeweiligen ökonomischen Formation.

Die Universalistische Geschichtstheorie geht prinzipiell von den Menschen aus. Sie sind nicht Objekt, sondern Subjekt der Geschichte.

Anhang
Die Mathematisierung des wirtschaftlichen Kreislaufes durch Marx imponiert beim ersten Blick. Bei genauerer Betrachtung zeigt sich, daß es sich um Fiktion handelt, die höchstens in einem Rollenspiel simuliert werden kann. Marx Ableitungen finden unter Laborbedingungen, wie sie es in der Wirklichkeit nie gegeben hat.
Zudem entbehrt sich die Formelsprache Marxens nicht dem Zynismus, wenn er z.B. die Arbeiter als C_v definiert.

Zur Illustration mathematisiere ich die imperialistische Realität in Formeln, welchen den Marxschen analog sind: Bei diesem Nachahmungs-Versuch entsteht eine reale Aussage über den europäischen und US-Reichtum, welche durch eine mathematische Gleichung formuliert ist. Meine Grundgleichungen setze ich – analog der Marxschen – wie folgt zusammen:

R + M + S

wobei
R = Raub
M = Massenmord der Europäer an Völker des Südens und Amerikas.
S = Sklaverei, Entführung von Afrikanern und Menschenhandel

„**R + M + S**“ nennen wir „Allgemeine Formel des Imperialismus“. Sie bedingt:

Produktionsweise, Produktionsmittel und Dienstleistung:

K + Mi + T = Re

wobei
K = Krieg,
Mi= Militarismus und die dafür notwendige zerstörerische Industrie.
T = Transport und die dafür notwendige Infrastruktur.
Re= Reichtum.
usw.

Systemischer Fehler der Marxschen politischen Ökonomie
Die Frage ist nicht nur wegen ihrer abstrakt-philosophischen Seite bedeutsam. Vielmehr ist sie von großer politischer Tragweite. Die Ware wird nicht stückweise produziert und berechnet, wie sich Marx es vor-

stellte. Vielmehr findet hier Massenraub durch den Imperialismus statt. Die Qualität des Imperialismus ist ausschlaggebend. Er vernichtet produzierende Menschen, deren Erzeugnisse er raubt. Damit ist der Marxsche Mehrwert nicht berechenbar.
Auf die Marxsche „Ware“ und ihre Bewegung kommt es nicht an. Es ist nicht das Teil. Die Massenplünderung macht den Imperialismus aus.
Der systemische Fehler führte Marx zum zentralen Resultat seiner politisch-ökonomischen Analyse: Die kapitalistische Akkumulation. Sie ist eine reine Fiktion. Dann ist das gesamte Marxsche „Kapital“ hinfällig.

Geschlossener hermeneutischer Zirkel des Marxismus

Mit der Marxschen Politischen Ökonomie vor den Augen werden die Beobachtungen entsprechend interpretiert. Sie bestätigen das Marxsche Kapitalismus-Konstrukt.

Einundzwanzigstes Kapitel

Konsequenzen der Marxschen Ökonomik in bezug auf das Sozialverhalten

Sozialverhalten: Marx geht davon aus, daß der materielle Faktor für das Sozialverhalten ausschlaggebend ist. Darin macht sich Marx die kapitalistische Moral, eigentlich Unmoral, voll zu eigen. Diese Annahme wird erhärtet durch die unversöhnliche Polemik, die Marx gegen Ideale, Werte, Moral und Moralvorstellungen führt.
Moral, Ethik und Werte sind nach Marx nur aus der ökonomischen Basis der Gesellschaft zu erklären.
Marx fixiert auf Europa und hier wiederum auf den Kapitalismus. Er konnte sich nicht vorstellen, daß in der Welt – jenseits der europäischen Sehweite – Lebensformen und reale Utopien existieren, die den ökonomischen Absolutismus von Marx widerlegen.
Die Marxsche Philosophie, genauer deren Akzeptanz, ist geeignet, dem ökonomischen Absolutismus zum Siege zu verhelfen.
Der „Kapitalismus“ nach Marx ist ein Universalbeweger. Er erhob ihn zum generellen Erklärungstheorem, das andere Dimensionen in seinen Schatten stellt.

Der „Kapitalismus“ ist ein Konstrukt, das die Gedankenwelt Marx’ voll beherrscht. Daraus folgt das zweite Konstrukt von der absoluten Weltherrschaft des Kapitalismus.[27]

[27] Beachte bitte unsere ausführliche Analyse der Marxschen politischen Ökonomie mit dem Nachweis von Fehlleistungen bei Marx in:
Khella, Die erfundene Realität, Die marxistische Wirtschaftstheorie, Kritik der Kritik der politischen Ökonomie, Hamburg 1997.

Zweiundzwanzigstes Kapitel

Marx irrt sich!

Die Wirtschaftsanalyse von Karl Marx ist ein Irrtum Richtige Ableitung falscher Voraussetzungen

Die Wirtschaftsanalyse von Karl Marx hält der systemtheoretischen Nachprüfung nicht stand.

Inhaltsübersicht

Einleitung

Marx konstruierte ein voll mathematisiertes Wirtschaftssystem. Er erstellte Formeln, die aufgehen, und gewann damit die Überzeugung, daß sein System stimmt. Diese Leistung war nur auf dem Schreibtisch möglich, nicht in der Realität. Marx übersah, daß seine Berechnungen aufge-

hen, da es sich um Rekursionsformeln handelt. Er fiel dem eigenen Konstrukt zum Opfer.
Die realen Probleme lagen ganz nah, buchstäblich vor der eigenen Haustür. Gleichwohl hat er sie nicht gesehen, da er von der Idee besessen war, der Kapitalismus sei notwendig, weil historisch determiniert.
Die bisherige Auseinandersetzung mit Marx fokussierte auf die Ableitung seiner mathematischen Gleichungen. Sie bewegte sich also im immanenten Bereich. Als Folge konnte das Marxsche System die Prüfung bestehen. Die Prüfer versagten. Die Fehlleistungen rührten nicht von den formalen Gesetzen und deren Beziehungen her.
Die Problemlagen können erst durch die grundsätzliche Prüfung des Systems und nicht durch die Prüfung der systemimmanenten Ableitungen erkennbar werden.
Nachstehend nennen wir die wichtigsten Fehlleistungen der Marxschen Analyse.

Geld
Marx betrachtet das Geld zwar kritisch und nennt es – mit Recht! – „Fetisch". Andererseits sieht er es als notwendig für die kapitalistische Wirtschaftsepoche an.
Marx irrt sich! Geld ist ein relativ junges Phänomen der Wirtschaftsgeschichte. Noch kürzer ist seine Rolle als Finanzkapital. Nachstehende Formeln zeigen die Entwicklung:

Formel 1: Zwei Anbieter tauschen unmittelbar miteinander Gebrauchswerte:

$$\mathbf{W_a - W_b}$$

Formel 2: Der Anbieter a hat Interesse für das Gebrauchsgut des Anbieters c. Letzterer hat jedoch keinen Bedarf am Angebot von a. Durch einen Ringtausch über die Vermittlung von b werden alle drei Anbieter zufriedengestellt:

Wa - Wb - Wc
Wa - Wb - Wc, Wd, usw.

Es ist sicher lehrreich daran zu erinnern, daß die ägyptische Zivilisation mit ihren Hochkulturen über 5000 Jahren ohne Geldwirtschaft ausgekommen ist.

Formel 3: Vorkapitalistische Geld-Wirtschaft: Geld dient als Vermittler zwischen zwei Anbietern, die einander nicht direkt begegnen. Geld wirkt als reines Tauschmittel:

W - G - W

(wobei: W = Ware; G = Geld)

Formel 4: Kapitalistische Wirtschaft.
Gedrucktes Geld mit fiktivem oder hypothetischem Wert wird vorgestreckt an Unternehmer ohne Eigenkapital.
Von da an ist das Geld elementarer Bestandteil des Kapitalismus.
Dadurch wurde das Geld, zwar ein nur nominelles Kapital, zum Grundelement der kapitalistischen Wirtschaft:

G - W - G

Wer über Geld verfügt, kann andere ausbeuten, die kein Geld haben. Sie müssen ihre Arbeitskraft gegen Geld verkaufen.
Marx irrt sich weiterhin in der Frage des Geldes, wenn er glaubt, der „Fortschritt" der kapitalistischen Epoche sei an Geld gebunden.
Das pharaonische Reich war auf dem Höhenflug des Fortschritts, ohne daß es Geldwirtschaft einführte. Darum konnte die Ausbeutung – im kapitalistischen Sinne – gebannt bleiben.
Auch heute könne Geld unter gegebenen Regelungen ohne weiteres als reines Tauschmittel dienen. Unter anderem müsse der Zins abgeschafft werden.
Bis in das zwanzigste Jahrhundert hinein hat eine Mehrheit der Weltbevölkerung das „Geld" hauptsächlich als Tauschmittel verwertet. In vielen Bereichen war es zudem völlig entbehrlich.
Es ist also durchaus denkbar, Formen des Wirtschaftens, die für selbstverständlich gehalten werden, zu ändern, um extreme Praktiken der Ausplünderung und Ausbeutung zu bannen.

Zins

Marx hielt ihn für ökonomisch notwendig, da er vom Kapitalismus nicht abzukoppeln ist. Kapitalismus sei historisch notwendig, damit auch seine (vermeintlichen) Elemente.
Real ist der Zins eine willkürliche Maßnahme des Finanzkapitals, die notwendig zur ungerechtfertigten Verarmung und zur illegitimen Bereicherung führt. Der Zins begründet die gesamte Eskalation von Teuerung, Inflation, Lohnraub, Arbeitslosigkeit, Krise, Auseinanderklaffen der Schere zwischen Reich und Arm.

Marx betrachtet den Kapitalismus als Fortschritt. Und weil er Fortschritt ist müsse alles Übel, was er bedingt, in Kauf genommen werden. Darum sind alle den Kapitalismus tragenden Elemente zu akzeptieren. Also auch der Zins. Nicht zuletzt begründet der Zins die Schuldsklaverei und Besitzwegnahme.

Diesmal irrt sich Marx gewaltig. Es existierten Gesellschaften und stabile progressive Systeme ohne Zins-Wirtschaft. Zu nennen sind das Kalifat, das arabisch-islamische Weltreich, der Murābiṭūn- und der Muwaḥḥidūn-Staat, und etliche andere. Der Andalus baute ein kulturell, wissenschaftlich und künstlerisch sehr fortgeschrittenes System auf, ohne daß Zins erhoben wurde oder gar Fremdaneignung von Mehrwert bestanden hat.

Ökonomischer und außerökonomischer Zwang

Marx schließt den außerökonomischen Zwang für den Kapitalismus aus. Er legt Wert auf die Feststellung, daß der Kapitalismus – im Unterschied zur Sklaverei und zum Feudalismus – das freie Spiel der Arbeitskräfte und der Waren auf dem Markt voraussetzt. Der besitzlose Mensch ist also ökonomisch gezwungen, das einzige, was er besitzt, nämlich die Arbeitskraft, „frei“ zu verkaufen.

1. Marx irrt sich in mehrfacher Hinsicht. Daß das Kapital einen ökonomischen Zwang ausübt und damit den „freiwilligen“ Zulauf von Arbeitern erreicht, ist keine wirtschaftliche, sondern eine politische Frage. Der Staat hätte durchaus sowohl die Produktion als auch die Versorgung ohne Ausbeutung der Arbeitskraft infolge privater Aneignung der Produktionsmittel regeln können.
2. Daß der Kapitalismus sehr wohl außerökonomischen Zwang, und zwar in höchstem Maß, ausübt, beweist nicht erst der deutsche Faschismus (1933-45) mit seinen Arbeitslagern. Auch zur Zeit Marxens hat es den „außerökonomischen“ Zwang in Hülle und Fülle gegeben, da die deutsche Jugend für die imperialistischen Kriege rekrutiert wurde. Darum besorgte der Staat die Produktion auch durch Zwangsarbeiter.
3. Außerökonomischen Zwang übte der Kapitalismus schon vor den Augen Marx als Zeitzeugen, in allen Kontinenten, in denen die Produktion beginnt, z.B. durch die Förderung von Rohstoffen oder den Anbau von Baumwolle und vieles anderes mehr.

Kapitalismus ist Imperialismus, dessen tragende Elemente Militarismus, Krieg und Gewalt sind.

Der Marxsche gröbste Fehler

Der entscheidende Fehler Karl Marx ist indes, daß er den Kapitalismus ausschließlich konstruktiv gesehen hat. Marx sagt schon *„Der Kapitalismus schaufelt sein eigenes Grab*". Paradoxerweise verwendet er den Spruch im konstruktiven Sinne. Der Kapitalismus gehe an den eigenen Widersprüchen zugrunde, um den Weg für ein höheres System, den Sozialismus, folglich den Kommunismus, freizumachen. Der Kapitalismus mache sich überflüssig, indem er seine Funktion als Wegbereiter des Sozialismus beendet habe. Die Eigendynamik des Kapitalismus ist also prinzipiell konstruktiv. Das grenzenlose destruktive Potential des Kapitalismus hat der Theoretiker kaum erkannt. Der organische Zusammenhang von Kapitalismus und Krieg fehlt bei Marx total.
Der buchstäblich tödliche Fehler Karl Marx besteht darin, daß er die destruktive Eigendynamik des Kapitalismus nicht in die Analyse einbezogen hat. Den Zusammenhang von Kapitalismus und Krieg übersah er. Marx hat die Logik seines eigenen Systems nicht zu Ende durchdacht, und zwar total. Die Verflechtung von Kapitalismus und Krieg ist systembedingt. Die Theorielücke des Marxschen Denksystems prägt insgesamt seinen Ansatz und überhaupt den Marxismus überhaupt.

Überlebensstrategien des „Kapitalismus"

Die Marxsche Kapitalismusanalyse mündet in den historisch bedingten Aufstieg von Sozialismus und Kommunismus.
In seiner euphorischen Kapitalismusanalyse übersieht Marx vieles. Nur dank der Ausblendung all dessen, was gegen seine These spricht, vermag sie zu bestehen. Im Ergebnis steht seine Theorie rekursiv – rein mathematisch.
Marx schreibt: *„Das Kapital schaufelt sein eigenes Grab*". Dabei war der Kapitalismus in seiner realen Existenzform – als Imperialismus und Militarismus – dabei, der gesamten Menschheit mit ins Grab einzureißen.
Der Kapitalismus entwickelte aber auch Strategien, die dazu führen, daß er sich selber überlebt.
Wir erleben es periodisch, wie blühende Städte samt Einwohnerschaft in Schutt und Asche gelegt und hinterher wiederaufgebaut werden. Das zweifache Geschäft von Zerstörung und Wiederaufbau ist nur eine der

Überlebensstrategien des „Kapitalismus“. Aggressivität und Destruktivität sind zur Alltagsunkultur geworden.
Es grenzt an *Science fiction*. Die imperialistische Oligarchie ist fieberhaft auf der Suche nach menschlich bewohnbaren Planeten und sparen dabei nicht mit Ausgaben. Warum? Sie selber wissen es am besten, denn sie sind es, welche die Erde unbewohnbar machen.

Weitere Theorielücken bei Marx

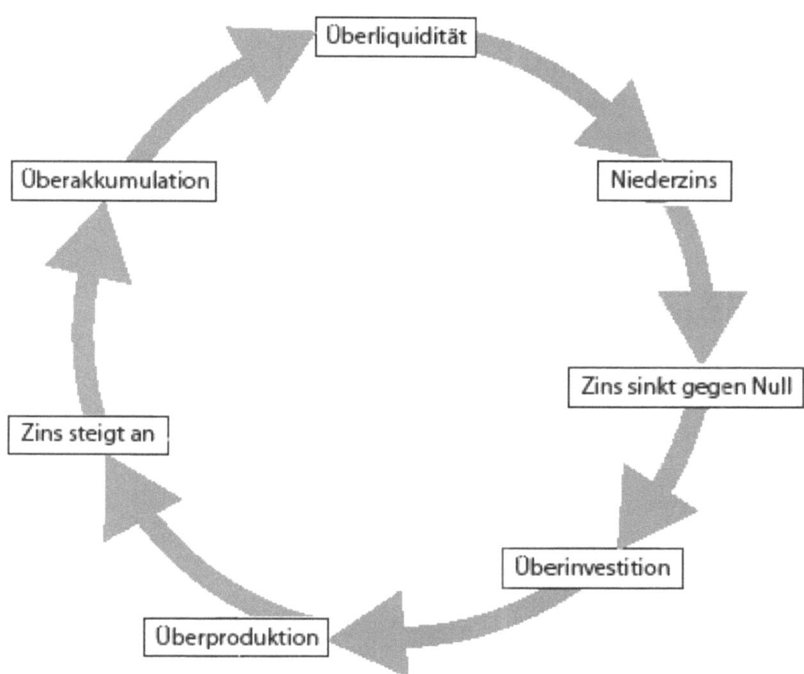

Permanenter Krisenzyklus des Kapitalismus

Die in der Skizze gezeichneten Zusammenhänge fehlen bei Marx total.

Gemäß Marx gibt es den Kapitalismus infolge von historischem Determinismus. Durch Eigendynamik geht er in den Sozialismus über.

Krisen treten auf infolge von Interventionismus, z.B. durch den antikapitalistischen Widerstand oder durch staatliche Eingriffe. Dabei lassen sich die Krisen managen, z.B. durch die Ausschaltung des antikapitalistischen Widerstands.

Asiatische Produktionsweise

Die Kapitalismus-Hypothese von Karl Marx war auf einen zu engen regionalen Bereich bezogen. Hingegen bot die weite Welt eine Vielfalt von Alternativen und Wirtschaftssystemen.
Als Marx einmal über den europäischen Tellerrand hinausblickte, sah er, daß es weltweit nicht dem so sei, wie er sich vorgestellt hat. Er konnte jedoch seine neuen Beobachtungen und Feststellungen weder ignorieren noch sie zum Anlaß nehmen, seine Theorie zu revidieren, geschweige denn zu korrigieren.
Also spricht Marx von *„Asiatischer Produktionsweise"*. Der Ausdruck ist Stilbruch, denn Marx legt sonst wert darauf, den Gegenstand dialektisch zu kategorisieren. Hier bleibt er bei einer geographischen Identifizierung.
Was hätte Marx denn erkennen müssen?
Es ist möglich, ein Wirtschaftsleben zu führen und die Versorgung zu regeln, ohne fremden Mehrwert anzueignen. Ausbeutung muß nicht sein.

Asiatische Produktionsweise: Marx verpaßt die Chance, sich zu korrigieren. Seine Reaktion auf die gewonnenen Betrachtungen wird ihm zum wissenschaftsgeschichtlichen Verhängnis. Es läßt sich vielleicht so formulieren: Die asiatische Produktionsweise ist zur Falle des Marxschen Denkens geworden:

1. Marx ist auf einmal inkonsequent geworden. Ist er nicht mit dem Anspruch der „dialektischen Kategorisierung" ausgezogen? Warum denn im Falle Asiens eine geographische Bezeichnung? Man könnte natürlich sagen, Marx ist noch nicht so weit, das Phänomen „asiatisch" zu kategorisieren. Leider war dem nicht so. „Asiatisch" war von Marx schon als Sonderfall von „Kategorie" gedacht, denn „Asien" wird von Marx an dieser Stelle nicht als eine geographische, sondern eine historische und gesellschaftliche Bezeichnung genannt. Die „asiatische Produktionsweise" ist für Marx der Prototyp der „Stagnation", „Rückständigkeit" und „nicht erweiterten Reproduktion". Das sind aber ge-

nau die Prädikate Asiens – nach dem Marxschen und allgemein dem eurozentristischen Weltbild versteht sich.

2. Der Ausdruck „asiatische Produktionsweise“ verrät, wie sehr der Eurozentrismus die Klassiker des Marxismus geblendet hat. Die „Asiatische“ war nicht auf Indien und Mittelasien beschränkt. Es handelt sich um eine universelle Produktionsweise. Es waren hauptsächlich nur in Europa Gebiete, die davon nicht erfaßt waren. Nach Marx jedoch wird Europa mit der Welt gleichgesetzt; die eigentliche Welt wird marginalisiert.
3. Die „asiatische Produktionsweise“ war der europäischen weit überlegen. Der europäische Imperialismus hat sich dort den wissenschaftlich-technischen Fortschritt planmäßig angeeignet. Im zweiten Gang wurden die außereuropäischen Träger der Fachqualifikation physisch liquidiert, aber erst, nachdem sie ihr Know-how preisgegeben haben. Der Imperialismus ist bestrebt, allein im Besitz des technischen Fortschritts zu sein.
4. Weiteres, nicht weniger Bedeutsames, verrät die „asiatische Produktionsweise“ über die Marxsche Geschichtsauffassung. Marx gesteht, daß sich die Klassenbildung in Asien nicht durchgesetzt hat. Man müßte erwarten, daß er dies – von einer kommunistischen Perspektive her gesehen – als positiv bewertet. Das tut er leider nicht. Er bescheinigt Asien genau deshalb „Rückständigkeit“ und „Stagnation“. Wie verträgt sich denn das?

Alternativen zum Kapitalismus?

Marx war solchermaßen von der Idee des historischen Determinismus ergriffen, daß er sich keinen Augenblick Kopfzerbrechen zur Frage machen mußte, ob es Alternativen zum Kapitalismus geben kann. Er glaubte so fest an den Determinismus des Kapitalismus, daß es keinen Raum für Alternativen geben könnte.

Marx zeigt überhaupt keinerlei Interesse für Alternativen – hier und jetzt – zum Kapitalismus. Er weigert sich sogar solche anzustreben. Mit aller Entschiedenheit verurteilt er das Bestreben danach. Noch weigert sich Marx, über die Machbarkeit von Alternativen durch den Menschen nachzudenken oder gar es praktisch zu versuchen. Die Geschichte gehorcht nur ihrem eignen Nomismus.

Marx Apologet des Kapitalismus

Karl Marx erweist sich als leidenschaftlicher Apologet des Kapitalismus. Das hört sich ungerecht an. Es ist wohl unkonform, ist aber wörtlich zu nehmen. An keiner Stelle verurteilt Marx die Kapitalisten, vielmehr rehabilitiert er sie, weil sie nur ihren historischen Auftrag erfüllen. Noch nie hat ein Autor den Kapitalismus so legitimiert wie Marx: Kapitalismus ist historisch notwendig.

Reale Utopien

Es gibt Formen der Arbeitsteilung, die nicht auf der Klassenspaltung beruhen. Nur ein Beispiel:
Das altindische Gesellschaftssystem hat fünf Dienstbereiche (von Europäern „Kasten" genannt) vorgesehen.
Es sind:

- Kopfarbeiter,
- Produktion,
- Verteilung (Distribution),
- Serviceleistungen,
- Verteidigung.

Im Bedarfsfall kommen Unterteilungen („Subkasten") hinzu.
Das Gesellschaftssystem achtete darauf, daß keine hierarchischen Strukturen entstehen, daß keine Bevorzugung der einen „Kaste" vor der anderen aufkommt und daß die Kooperation im Interesse der gesamten Gesellschaft aufrechterhalten bleibt.

Kopfarbeiter: Bemerkenswert ist die Regelung, daß Kopfarbeiter keine exekutiven Befugnisse oder militärische Macht ausüben durften. Sie waren insbesondere im Bildungs- und Ausbildungssektor tätig. Gleichzeitig legte das Erziehungssystem größten Wert darauf, daß die Ausbilder ausreichende Qualifikation und Kompetenz erwerben und als Multiplikatoren weitervermitteln.

Produktion: Sie soll bedarfdeckend sein und die Versorgung der gesamten Bevölkerung sichern, auf daß keine Menschen in Notlage geraten sollen.

Verteilung (Distribution): Existenzsichernde Produkte sollen allen Menschen verfügbar sein.

Serviceleistungen: Dienstleistungen aller Art – Straßenreinigung, öffentliche Hygiene, Bäder, Transport usw. werden zur Zufriedenheit aller bereitgestellt.

Verteidigung: Anders als im heutigen imperialistischen Gebrauch, nach dem sich die Kriegsministerien „Verteidigung" nennen und Aggressionen verüben, bedeutete „Verteidigung" in Indien buchstäblich „Verteidigung". Sie ist im wörtlichen Sinn zu nehmen. Tatsächlich hat Indien in seiner ganzen Geschichte nie einen Aggressionskrieg geführt.

Universalistische Antithese zur Marxschen Theorie

Aus universalistischer Sicht[28] *ist der Kapitalismus anthropogen,* nicht prädestiniert. In bewußtem Gegensatz zu Marx meinen wir: Er kann ebenso bestehen wie beseitigt werden – durch den Willen und das Handeln der Menschen.
Entweder vernichtet der Imperialismus die Menschheit
oder
die Menschheit den Imperialismus

[28] Der erste Band der Trilogie „Marx-Kritik": Khella, Die erfundene Realität – Kritik der Kritik der politischen Ökonomie, bringt eine vollständige Erfassung der Abhandlungen von Karl Marx über Ökonomik und Wirtschaftstheorie, Hamburg 1997.

Dreiundzwanzigstes Kapitel

Die Marxsche Geschichtsauffassung (2) Erklärung der Geschichte aus der Ökonomik

Inhaltsübersicht

Nach Darstellung der Marxschen Wirtschaftstheorie von Karl Marx wollen wir seine Geschichtsauffassung wieder aufgreifen, um den Einfluß des Ökonomismus auf seine Geschichtsauffassung transparent zu machen, zu erklären und kritisch beurteilen.

Erklärung der Bewegung der Geschichte aus der politischen Ökonomie

Dem Marxschen Denken liegt die Idee zugrunde, daß der Menschheitsgeschichte die Produktionsweise als Basis fungiert. Ja noch mehr, die Geschichte wird bestimmt durch die Dynamik der Produktionsverhältnisse, die wiederum ihren eigenen Bewegungsgesetzen folgen. Die Produktivkraftentwicklung prädestiniert alle anderen historischen Prozesse. Die Menschheitsgeschichte ist die Folge. Der Mensch ist nicht der Macher

von Geschichte, sondern selbst ein Produkt der Produktionsweise und Produktionsverhältnisse. Geschichte ist nicht anthropogen.
Die Prinzipien seines historischen Materialismus bringt Marx vor allem im Vorwort „Zur Kritik der Politischen Ökonomie“ zum Ausdruck.[29] Im Kernsatz heißt es bei Marx:

> *„In der gesellschaftlichen Produktion ihres Lebens gehen die Menschen bestimmte notwendige, von ihrem Willen unabhängige Verhältnisse ein, Produktionsverhältnisse, die einer bestimmten Entwicklungsstufe ihrer materiellen Produktivkräfte entsprechen. Die Gesamtheit dieser Produktionsverhältnisse bildet die ökonomische Struktur der Gesellschaft, die reale Basis, worauf sich ein juristischer und politischer Überbau erhebt, und welcher bestimmten gesellschaftliche Bewußtseinsformen entspricht. Die Produktionsweise des materiellen Lebens bedingt den sozialen, politischen und geistigen Lebensprozeß überhaupt. Es ist nicht das Bewußtsein der Menschen, das ihr Sein, sondern umgekehrt, ihr gesellschaftliches Sein, das ihr Bewußtsein bestimmt.“*[30]

Verabsolutierung der Ökonomie

Es ist ganz offensichtlich, daß Marx zu sehr im eindimensionalen Denken verfangen war. Alle Phänomene des Seins werden auf die Ökonomie zurückgeführt. Angefangen mit dem Urmenschen, der mit dem Problem der Selbstversorgung konfrontiert war. Der „Stoffwechsel mit der Natur (Marx)“ bestimmte seine Existenzweise. Von da bis zur Gegenwart ist es die Ökonomie, die alles andere steuert. Wenn Marx andere Dimensionen gesehen hat, führte er sie auf die Ökonomie zurück. Sie ist die Basis und wenn nicht Basis, dann ist es deren Überbau. Die Wirtschaft ist Grundverursacher, alles andere ist Wirkung. Marx stellte sich die Welt wie einen großen Betrieb vor. Ja, noch mehr: Bereiche, die sich noch außerhalb des Betriebs und unabhängig von ihm befinden, werden über kurz oder lang an die kapitalistische Superfabrik angeschlossen, oder sie sind überflüssig und müssen verschwinden.[31]

---

[29] Karl Marx, Zur Kritik der Politischen Ökonomie, S. 1857 ff., in: MEW, 13. Beachte bitte die selbständigen Teile: Einleitung (Zur Kritik der Politischen Ökonomie), 1857; Vorwort (Zur Kritik der Politischen Ökonomie), Aug. 1858 bis Jan. 1959.

[30] MEW 13, 8-9.

[31] Karl Marx, Einleitung zur Kritik der Politischen Ökonomie (1857), in: MEW 13, 616.

Universalistische Antithesen zur Marxschen Geschichtsauffassung
Das Marxsche Geschichtsbild greift zu kurz und kann deshalb anthropologische Fragen nicht auf der Basis der Langzeitprozesse beurteilen.
Um das Geschichtsbild Marxens zu charakterisieren, eignet sich die Negativdiagnose. Was fehlt bei Marx, was er für den Anspruch, den er stellt, hätte wissen müssen? Die Marxsche historische Betrachtung ist hinfällig, wenn sie mit der Universalistischen konfrontiert ist. Wir nennen einige Stadien der Menschheitsgeschichte, wie diese von der Universalistischen Geschichtstheorie aufgestellt wurden (hier nur exemplarisch an einigen Fällen):

a) Die Anthropogenese[32]
Eine Anthropogenese kommt bei Marx nicht vor. Die menschenspezifische Evolution von 6 Millionen Jahren spielt für das Marxsche Menschen- und Geschichtsbild gar keine Rolle.
Jedenfalls hat seine Unkenntnis von der Anthropogenese zu extrem ahistorischer Grundeinstellung – der sich der Autor nicht bewußt ist – geführt. Symptomatisch dafür ist die Marxsche Weisheit:

> *„Die Vorgeschichte der Menschheit hört auf; ihre Geschichte beginnt“.*

Die „Anthropogenese“ ist die bedeutsamste Epoche der Menschwerdung. Durch die Anthropogenese schafft der Mensch sich selbst. Wenn Marx diese schöpferische Epoche mit rund 6 Millionen Jahren, davon 4,4 Millionen Jahre Anthroposoziogenese, als Vorgeschichte bezeichnet, so verrät dieser Ausdruck nicht nur geschichtsloses Denken, sondern auch ein fehlerhaftes Menschenbild.
Die Anthropogenese und Anthroposoziogenese sind die Basis der Anthropologie. Diese schützt vor dem Ökonomismus, in dem Marx letztlich gelandet ist.
Marx sieht die Entwicklung der Produktionsverfahren als den Prozeß an, der den Menschen schafft. Nur über die Produktion erreiche der Mensch das Ziel der „Geschichtlichkeit“.

b) Die übrigen Epochen der Menschheitsgeschichte
Was für die Anthropogenese gilt, stimmt auch für die übrigen Epochen der Menschheitsgeschichte. Sie existieren für Marx in dichtem Nebel.

---

[32] Anthropogenese, Anthropogenie: Wissenschaft von der Entstehung, Werdung und Entwicklung des Menschen.

Die Situation war für Marx noch problematischer. Das Dunkel seines historischen Gedächtnisses wurde im Marxismus als Geschichtsbild etabliert: „Völker ohne Geschichte".
Marx blickt auf Athen und Rom, dann auf Yorkshire und Lancashire, und meint, die Geschichte und die Welt begriffen zu haben und sie erklären zu können.
Sein Geschichtsbild ist geprägt durch die Vorstellung, daß Europa des 19. Jahrhunderts den eigentlichen Aufbruch der Menschheitsgeschichte besorgt.

c) Von der Sklavenhaltergesellschaft über Feudalismus zum Kapitalismus

Die vom historischen Materialismus präsentierten Stadien der Weltgeschichte sind reine Konstrukte. Sklaverei und Feudalismus sind keine universellen Phänomene. Wenn überhaupt, trifft der historische Materialismus nur auf die Geschichte Roms und Athens zu. Von da vollzieht Marx einen Sprung, der zum Feudalismus, dann zu der Baumwollverarbeitung in Yorkshire führt.
Mag sein, daß in einigen Städten der Welt ähnliche Zustände herrschten, auf die die Marxsche Analyse zutrifft. Die Weltgeschichte hingegen ist damit nicht charakterisiert. Sie ist ganz andere Wege gegangen: Die Vielfalt und Heterogenität der Systeme können unmöglich unter den Begriffen „Sklaverei", „Feudalismus" und „Kapitalismus" subsumiert werden.

d) Futurologie

Das Geschichtsbild des Karl Marx wirkt sich auch auf seine Zukunftsvorstellungen aus (Geschichte ist nicht nur Vergangenheit).
Marx vertrat ein ausgesprochen teleologisches Geschichtsverständnis. Der Verlauf der Geschichte ist festgelegt. Der historische Prozeß fährt geradlinig auf das vorgesehene Ziel hin. Nicht nur die Zwischenaufenthalte, sondern auch die Endstation sind vorbestimmt. Es wundert, daß der antireligiöse Marx ein zutiefst religiöses Geschichtsbild vertritt. Von Marx haben die Vertreter des historischen Materialismus die Geschichtsauffassung übernommen.

Futurologisch extrapoliert Marx nicht von der Universalgeschichte und der inneren organischen Einheit des historischen Gesamtprozesses, sondern eben von Athen und Yorkshire ausgehend. Die lokale Kurzzeitgeschichte relativiert sich sehr erheblich, wenn sie vor dem Hintergrund der Langzeitgeschichte von der Anthropogenese aufwärts betrachtet wird. Marx Geschichtsschau war zu sehr fixiert an Momentaufnahmen aus der Geschichte der letzten zweihundert Jahre und die, auch wegen ihrer Kurzfristigkeit, nur noch eine kurzsichtige Geschichtsschau vermitteln.

e) Die Perspektive des Sozialismus

In seiner Schrift „Der Übergang des Sozialismus von der Utopie zur Wissenschaft" spricht Engels für sich und Karl Marx. Darin vertritt Engels die Auffassung, daß die wissenschaftliche Betrachtung beweise, daß die Menschheitsgeschichte in den Sozialismus und Kommunismus hinmündet.

f) Die Perspektive des Kommunismus

Die Perspektive, die Menschheitsgeschichte führe über den Kapitalismus in den Sozialismus, dann in den Kommunismus und schließlich in die klassenlose Gesellschaft, war für Marx keine Hoffnung oder Utopie, sondern historischer Determinismus. Die Teleologie und finale Betrachtung von Geschichte teilt Marx mit der Religion und ihren Glaubensbekenntnissen. Er verwarf die kirchliche Dogmatik, verfiel jedoch in eine nicht weniger spekulative Denkweise.

Marx leitet den Sozialismus und Kommunismus historisch aus dem Kapitalismus und seinen strengen Organisationsformen ab. Das heißt, daß der Kommunismus an die großmaschinelle Industrie, Hochtechnologie, Naturzerstörung und Umweltvergiftung gebunden sein muß. Der Sozialismus baue seine Produktionsweise auf die übelsten Herstellungsverfahren auf. Nach dieser Vorstellung ist der Sozialismus keine Revolution gegen den Kapitalismus, sondern dessen Erbe. Dem Kapitalismus verdanke der Kommunismus überhaupt die eigene Entstehung. Ohne den Kapitalismus gäbe es weder Sozialismus noch Kommunismus. Die klassenlose Gesellschaft und die egalitäre Mitmenschlichkeit seien keine freigewählten Lebensformen, sondern eine aus dem Kapitalismus hervorgegangene *Muß-Erbschaft*.

Man könne einwenden: Diese Option bleibt doch durch die Vorgeschichte unbenommen. Es solle also ein sozialistisches Paradies über den Trümmern erbaut werden. Ginge das?

Würde Marx zustimmen und sagen: „Jawohl, der Kommunismus wird ganz von vorn beginnen und eine genuin eigene Produktionsweise und

neue Gesellschaftsform aufbauen." Das aber würde seine ganze Theorie von der Notwendigkeit des Kapitalismus und dem historischen Determinismus außer Kraft setzen.
Marx und Engels vertreten leidenschaftlich die Notwendigkeit des Kapitalismus als Voraussetzung zum Sozialismus hin mit dem Argument, daß der Kapitalismus höchste Organisationsformen und die am weitesten entwickelten Technologien einführt, welche die Grundlage des Sozialismus liefert. Dieses (völlig absurde) Argument wird von Lenin in seinem „Imperialismus als höchstes Stadium des Kapitalismus (1916) noch weiter verschärft.

Fazit: Zur Errichtung und Einrichtung einer neuen Gesellschaft gäbe es nicht besseres und nichts dringenderes als den sofortigen Bruch mit dem Kapitalismus und dem Neuanfang von Grund auf.

Bei näherer Betrachtung müssen wir feststellen, daß Marx nur über ein extrem enggefaßtes Geschichtsbild verfügte. Diese Tatsache konnte nicht ohne Einfluß auf sein Welt-, Gesellschafts- und Menschenbild und überhaupt sein philosophisches System bleiben.

Nach ihrer eigenen Überzeugung wollten Marx und Engels eine Revolution im Geschichtsdenken herbeiführen. Sie proklamierten für sich eine progressive Position, denn nach ihrer Geschichtsschau gipfelt die Entwicklung in den Sozialismus und die klassenlose Gesellschaft. Die Zukunftsperspektive, und nicht das aktive menschliche Handeln, sollte den Anspruch rechtfertigen. Den Sozialismus haben sie auf der Basis ihrer materialistischen, eigentlich mechanistischen Geschichtsauffassung prognostiziert.
Diese Sichtweise bewirkt zwangsläufig einen Negativeffekt. Mit der Passivierung des Willens zum aktiven Handeln haben Marx und Engels dem politischen Kampf die Spitze abgebrochen, denn er lebt von der Aufforderung zum Handeln und nicht vom Vertrauen auf die objektive Gesetzmäßigkeit der kapitalistischen Entwicklung. Diese bewirken eine Erwartungshaltung und kein revolutionäres, programmatisches Handeln.

Wenn Marx und Engels auf der einen Seite die Auffassung vertreten, daß Sozialismus, Kommunismus und klassenlose Gesellschaft besser seien als die Klassenherrschaft, auf der anderen Seite in der Anwendung der Theorie dafür eintreten, daß sich Kapitalismus erst ***voll*** entfalten muß, um die Voraussetzungen für den Sozialismus zu schaffen, dann sind sie – ungeachtet ihres Anspruches – „***konservativ***“, nicht „revolutionär“, „***reaktionär***“, nicht progressiv.

Zur Würdigung der Marxschen Geschichtsschau

Das charakteristische Merkmal von Geschichte bei Marx ist seine unerschütterliche Überzeugung: Geschichte ist nicht anthropogen. Sie wird nicht von Menschen gemacht. Geschichte entwickelt sich aufgrund ihrer Eigendynamik, namentlich als Folge der Produktionsverhältnisse und ihrer selbsttätigen Ablösung einer Epoche durch die folgende. Jede Produktionsweise geht mit der nächsten schwanger.
Aus dem Vorausgegangenen leitet sich die folgende Konsequenz ab: Der Geschichtsphilosoph Karl Marx war in höchstem Maße *ahistorisch*. Nach eigenen Angaben nennt Marx die bisherige Geschichte „Vorgeschichte“ der Menschheit (Pariser Manuskripte). Immerhin handelt es sich um rd. 4,4-6 Millionen Jahre Anthroposoziogenese. Marx selbst war ein Produkt davon.
Wichtig vor allem ist die Feststellung, daß die Menschheitsgeschichte, solange sie noch nicht unter die europäische Vorherrschaft geriet, relativ intakt war. Zerstört wurde sie erst durch den Sieg des europäischen und US-Imperialismus, also vor kurzem. Er bestimmt nur einen Bruchteil einer Minute, wenn die Menschheitsgeschichte ein Tag wäre. Marx wäre revolutionär und zur Selbstkritik befähigt, wenn er sich gefragt hätte, wie die entgleiste Bahn der Geschichte wieder aufs Gleis gebracht werden kann.

Evaluation der Marxschen Geschichtstheorie

Die Marxsche teleologische Geschichtsschau ist ausgesprochen spekulativ. Sie vertritt einen vorgesehenen, festgeschriebenen Weg der Geschichte der Menschen. Darin übernimmt Marx das religiöse, von Augustin theologische entworfene Geschichtsbild. Augustin stellt die Menschheitsgeschichte als Heilsgeschichte dar. Der Marxismus sieht das Heil im Sozialismus und Kommunismus. Ironischerweise bezeichnet Engels diese rein spekulative Perspektive als „Übergang des Sozialismus von der Utopie zur Wissenschaft“.
Die Fragen lauten also nicht: Wie gestalten wir die Welt? Wie machen Menschen Geschichte? Welchen Weg wählen wir in die Zukunft? Seine teleologische Weltsicht projizierte Marx retrospektivisch in die Geschichte.

Teil 6 – Gesellschaft

Die Marxsche Lehre von der Gesellschaft und den Klassen

Vierundzwanzigstes Kapitel

Gesellschaft

Zum einen löst Marx die Struktur der *„Gesellschaft"* in zwei Komponenten auf: *„Basis"* und *„Überbau"*.
Zum anderen betrachtet Marx die Gesellschaft streng klassenspezifisch. Es gibt nicht die Menschen klassenindifferent, sondern die unversöhnlich einander entgegengesetzten Klassen.[33]
Ein Schlüsselsatz der Marxschen Anthropologie und Gesellschaftslehre ist die Vorstellung vom „Menschen im Stoffwechsel mit der Natur". Daraus leitet Marx seine Arbeitslehre und Gesellschaftsauffassung ab.
Das gesellschaftliche Leben ist nur noch *Produktionsprozeß* und der aus ihm abgeleitete *Überbau.*

„Basis": Unter Basis wird die Produktionsweise verstanden. Sie ist die ökonomische Grundlage der Gesellschaft.

„Überbau" bilden alle nicht wirtschaftlichen Erscheinungen der Gesellschaft. Sie erwachsen aus der ökonomischen Basis und beziehen sich auf sie. Der Überbau steht im Dienste des Produktionsprozesses; aber er selbst produziert nicht.

Zum gesellschaftlichen Überbau zählen u.a. Politik, Ideologie, Parteien, Kultur, Kunst, Wissenschaft, Religion und nicht zuletzt der Staat, der über die oberste Hoheit verfügt. Er organisiert, kontrolliert, regelt und

[33] Karl Marx, zur Frage, was unter „Gesellschaft" zu verstehen ist, sei verwiesen auf: Karl Marx, Grundrisse der Kritik der Politischen Ökonomie (Rohentwurf 1857-1858), Einzelausgabe, S. 175.

sorgt für den Schutz des Privateigentums und für das Funktionieren der Produktion.

Basis-Überbau-Beziehung: Der Überbau erhebt sich aus der Basis und bezieht sich auf sie. Ändert sich die Basis, muß sich der Überbau ändern. Bedingt, begrenzt, übergangsweise und nur vorübergehend können Überbau und Basis auseinanderklaffen.
Friedrich Engels sagt in „Dialektik der Natur": Der Überbau habe keine Geschichte. Damit meint er, daß er keine andere als die Geschichte der Basis habe. Er erwachse aus der Produktionsweise. Nur letztere habe Geschichte.
Indes muß man einräumen, daß die historische Erfahrung zeigt, daß sich Institutionen des Überbaues durchaus soweit stabilisieren und weiter entwickeln können, auch wenn sie anachronistisch geworden sind. Bestes Beispiel dafür ist die Kirche.
Dabei kann die Entwicklung der Basis nie ohne Auswirkungen auf den Überbau bleiben. Als Beispiel dafür nennen wir die Familie.

Familienstruktur: Im ersten historischen Stadium lief die Produktion im Rahmen der Großfamilie. Die Arbeitsteilung – z.B. in der Landwirtschaft – bedingte den Zusammenhalt den großen Familienverband. Vom Ackerbau über den Transport im Nahbereich, auf Fernstraßen bis zum Handel waren sämtliche Einheiten des Stammes aufeinander angewiesen.
Mit der Großindustrie und der Proletarisierung der Bauern zerfiel die Großfamilienstruktur. Betriebe und Dienstleistungssektor boten Arbeitsplätze nur an Einzelpersonen. Der individuelle Lohnempfang war ein Schlag gegen die Großfamilie. Die Kleinfamilie wurde Regel.

Gesellschaft nach Marx: Nach Marx ist die Gesellschaft ein überdimensionales Wirtschaftsunternehmen, eine aus einzelnen Firmen, mit angeschlossenem Reproduktionsanteil zusammengesetzte globale Fabrik. Folglich wird bei Marx jeder Mensch in seiner *Ganzheit* nach seiner Stellung im Produktionsprozeß definiert.

Klassenspezifischer Charakter der Gesellschaft und des Staats
In der warenproduzierenden Formation ist die Gesellschaft gespalten. Sie besteht aus den beiden Grundklassen, den Eignern der Produktionsmittel und den Produzenten.
Die herrschende Klasse stellt den Staat.

Fünfundzwanzigstes Kapitel

Die Marxsche Klassenanalyse (1)

Inhaltsübersicht

Marx begründete jene Klassenanalyse, welche zwei Grundklassen identifiziert, aus denen die Gesellschaft bestellt ist. Im Kapitalismus sind es die *Bourgeoisie* und das *Proletariat*. Dazwischen liegt ein Mittelstand. Nur die beiden Grundklassen sind für den historischen Prozeß entscheidend, denn sie bilden die beiden Parteien eines gegebenen Produktionsverhältnisses. Damit bestimmen sie beide den Verlauf des historischen Prozesses.

Im Kapitalismus stellt die Bourgeoisie die wirtschaftliche und die politische Macht dar, sie stellt den Staat. Er verkörpert den ideellen Gesamtkapitalisten. Er herrscht über die Gesellschaft, die als ideeller Gesamtbetrieb aufgefaßt wird. Unten arbeiten Maschinen und Arbeiter. Letztere leben, um erstere in Lauf zu halten.

Das Proletariat – Die Arbeiterklasse

Der Ausdruck „Proletariat“ stammt aus dem lateinischen „proletarius“. Im Römischen Imperium bezeichnete er Menschen der untersten Klasse, die nach römischer Auffassung außerhalb der Gesellschaft mit ihren

staatlich anerkannten fünf Klassen standen. Ein „proletarius“ wurde erst als Bürger anerkannt, wenn er Steuerabgaben entrichtete. Der Ausdruck „proletarius“ war verächtlich verwendet und insgesamt negativ belegt.
Warum Marx die Arbeiterklasse „Proletariat“ nennt, ist nicht unbedingt einsichtig. Der Ausdruck war schon damals anachronistisch. Durch die Marxsche Klassenanalyse bekam der historische Ausdruck erneute Aktualität.
Erst in der zweiten Hälfte des zwanzigsten Jahrhunderts gewann der Begriff „Proletariat“ mit steigendem Bewußtsein eine positivere Deutung. Khella konnte einen seiner fachlichen Ansätze „Proletarisch orientierte Wissenschaft“ nennen. Die positive Bewertung des Ausdrucks „Proletariat“ ist geblieben.

Im politischen Sprachgebrauch ist „Proletariat“ Synonym zu „Arbeiterklasse“. Indes stelle ich nach meiner eigenen Erfahrung fest, daß Werks- und Industriearbeiterinnen und -arbeiter sich selten als Proletarier bezeichnen. Als Selbstdefinition ziehen sie in aller Regel den Ausdruck „Arbeiter“ vor. „Proletarier“ ist eher eine Fremdbezeichnung, welche durch K-Gruppen geprägt, aber wohlmeinend gewählt und positiv besetzt wurde. Nach wie vor wird vom „Proletariat“ im politischen Diskurs der Linken gesprochen.
In den 1980ern begann das allmähliche Verschwinden des Ausdrucks „Proletariat“ aus dem lebendigen Sprachgebrauch. Seitdem ist er nur noch in älteren Schriften zu lesen.

Im Marxschen Sprachgebrauch bezeichnet „Proletariat“ die Produzenten im Kapitalismus. Das Proletariat ist die Produktivkraft im Kapitalismus, wobei der Marxsche Ausdruck „Produktivkräfte“ nicht allein die Produzenten, die Menschen, sondern auch die Maschinen bezeichnet.
Gemeinsames Merkmal der „Produzenten (C_v)“ und der „Maschinen (C_c)“ ist nach Marx die Vorstellung, daß beide „subjektlos“ sind. Beide produzieren Mehrwert.

Mehrwertschöpfung: Marx definiert den Arbeiter objektiv, nicht subjektiv. Er leitet den Klassenstatus „Arbeiter“ aus der Mehrwertschöpfung ab. Darum ist *Arbeit* bei Marx die körperliche Arbeit, nicht die „Kopfarbeit“, nicht die „intellektuelle Leistung“ und nicht die „schöpferische Tätigkeit“. Entsprechend definiert Marx das Industrieproletariat als die Produzenten im Kapitalismus, als die Produzenten des Mehrwerts. Es ist identisch mit der „Arbeiterklasse“.

In der Marxschen Grundformel erscheinen sie als C_v (=variables Kapital). Arbeiter bei Marx sind ein Produktionsfaktor im ideellen kapitalistischen Gesamtbetrieb, der mit der Gesellschaft selbst identisch ist. Arbeiter und Maschinen sind – nach Marx – komplementär. Beide gehören in den Betrieb. Die Maschinen sind auf Dauer, die Arbeiter austauschbar.

Das Leben des Arbeiters teilt Marx in die beiden Hälften:
Produktion während der Arbeitsschicht (zum Marxens Zeit 12 Stunden) und
Reproduktion, die meist nächtliche Ruhe.
Auch die Zwischenpausen zählen zur Reproduktion.
Ansonsten stehen Arbeiter und Maschinen beieinander.

Marx schrieb dem Proletariat eine revolutionäre Rolle beim Übergang vom Kapitalismus zum Sozialismus zu. Das Proletariat vollzieht eine Entwicklung von einer Klasse an sich zur Klasse für sich.
Man könnte annehmen, Marx erkenne das Proletariat als subjektiven Faktor an. Indes zeigt die tiefere Sicht in die Ableitung von Marx, daß er davon ausgeht, daß der Kapitalismus an der Zuspitzung des eigenen Widerspruchs zerbricht. Nicht die Arbeiter tragen den Kapitalismus zu Grabe, sondern „der Kapitalismus schaufelt sein eigenes Grab".
Voraussetzung für die Erfüllung der historischen Mission des Proletariats ist die Ausreifung der objektiven Entwicklung der Produktionsverhältnisse.
Marx geht nicht davon aus – wie angenommen wird – daß das Proletariat sich zum historischen Subjekt entwickelt seine geschichtliche Mission erkennt, sich organisiert und die Revolution gegen den Kapitalismus plant und durchführt. Diese Vorstellungen werden Marx im Vulgärmarxismus unterstellt. Demnach habe Marx dargelegt, das Proletariat werde seine historische Sendung erkennen und seine Berufung wahrnehmen, sich organisieren, die notwendige Strategie aufstellen, Programme ausarbeiten, Informations- und Überzeugungsarbeit leisten, politische Aufklärung und Propaganda in Wort und Schrift betreiben, Verbündete gewinnen, sich erheben und die Staatsmacht erobern. Dem ist aber nicht so.

Marx hat den Prozeß des Übergangs vom Kapitalismus zum Sozialismus rein objektiv gesehen. Selbst wenn Marx die Arbeiterklasse dann als revolutionäres Subjekt gesehen haben sollte, so erklärt sich das – gemäß seinem theoretischen System – aus einem der Produktion innewohnenden Mechanismus.

Vor diesem Hintergrund muß der Marxsche Klassenbegriff kritisch betrachtet werden. Bei der Analyse des Gesamtwerkes Karl Marx läßt sich ein erschreckendes Fazit ermitteln. Es verdichten sich immer mehr Momente, nach denen Marx die Arbeiter nicht als historisches Subjekt, sondern als deterministisch gesteuerten Produktionsorganismus gesehen hat: Wie im Bienenstaat sind die Arbeiter in ihrer Klasse eine anonyme Masse.
Jeder Arbeiter geht der ihm zugeteilten Funktion nach. Er produziert 12 Stunden und reproduziert sich in 12 Stunden – für die Produktion. Er, so Marx, „erheischt" Lebensmittel, die nach den Marxschen Formeln bestimmen, wie viel Lohn er bekommt.

Der Lohn soll gerade eben reichen, den Arbeiter, als Klasse, am Leben für die Arbeit zu erhalten. Marx wählt sprachliche Ausdrucksmittel, die geeignet sind, die Analogie von „Arbeiter" und „Maschine" zu erhärten. Marxisten entschuldigen Marx damit, daß er nur die tatsächliche Lage der Arbeiter konstatiert (!). Die Entschuldigung ist beschämend.
Dem summarischen Ergebnis tut es keinen Abbruch, daß Marx futurologisch dem Proletariat eine aktive Rolle einräumt. Bis zum Prozeß des Umschlagens des Kapitalismus in den Sozialismus bleibt das Proletariat bei Marx subjektlos und, wie er schreibt, „Klasse an sich". Die Bourgeoisie besitzt bis dahin das Entscheidungsmonopol.

Die Bourgeoisie
Zum Begriff: Ebenso wie der Kapitalismusausdruck ist der „Bourgeoisiebegriff" – als Klassenbezeichnung – ein Marxsches Konstrukt. Schon damals handelte es sich um einen euphemisch Ausdruck, der jedenfalls keine umschriebene Klassenlage charakterisiert. Marx gebraucht den Begriff „Bourgeoisie" als Synonym zu „Kapitalisten", also zwei Ausdrücke für eine Klasse.
In dem Zusammenhang prägte Marx auch den Ausdruck „bürgerlich", z.B. in: „bürgerliche Wissenschaft", „bürgerliche Ökonomie" und „bürgerliche Ökonomen". Im Umkehrschluß dienten die Ausdrücke Marx als ein imagebildender Faktor. Im gleichen Atemzug warf er anderen Autoren vor, bürgerlich zu sein, und präsentierte sich selber als Alternative. Er – Marx – sei die Antithese zur bürgerlichen Wissenschaft, was ich wissenschaftskritisch nicht als legitimiert ansehe.

Wer ist die Bourgeoisie?

Oder wer ist die Klasse, die Marx so genannt hat?

Unter dem vornehmen Namen „Bourgeoisie“ verbirgt sich die blutige Klasse der Imperialisten. Auch hier muß die Abstraktion der Realität weichen. Es waren die Menschenhändler, die Sklavenjäger, die Massenmörder und Kolonialräuber, die nach getaner Arbeit – einmal in Europa zurückgekommen – sich unter die Dusche gestellt, sich von den Blutflecken gründlich gesäubert haben, lange Kragen, weiße Westen trugen und sich schamlos und elegant in den Salons als „Bourgeoisie“ aufführten.

Die nationale Allianz verdrängt den Klassengegensatz

Man muß die Marxsche Klassenanalyse gründlich revidieren. Die beiden – objektiv antagonistischen – Klassen haben sich auf einen nationalen Konsens geeinigt. Beide bilden das Heer, in dem Arbeiter und Bauern als Fußsoldaten dienen. Die Bourgeoisie stellt die Generäle und Offiziere auf. Gemeinsam in Reih und Glied zogen imperialistische Armeen in den Süden, um die Dreikontinente zu unterjochen. Die Riesengewinne, wobei der höchste Anteil durch den Sklavenhandel erwirtschaftet wurde, teilten die beiden die Armeen bildenden Klassen unter sich auf.

Daß die „kapitalistische Industrie“, die Marx im Kapital so genau beschreibt, nichts anderes war als die Produktion aggressiver Waffen, hat Marx nicht gesehen oder nicht sehen wollen. Ihm kam es auf Leder und Baumwolle – so das Kapital – an.

Der Kapitalismus, den Marx beschreibt, war ein elegantes System der Umverteilung. Die Riesengewinne kamen aus den ungeheuren Reichtümern, welche in Afrika, Asien und Amerika geschaffen und von Europäern erbeutet wurden.

Die Marxsche Grundformel des Kapitals baut auf den Prozeß Mehrwertproduktion- und Schöpfung, den Marx im Innern eines geschlossenen Systems gesehen hat. Ihm war nicht aufgefallen, daß seine Beobachtungen und Berechnungen nur auf die Spitze einer Produktionspyramide fokussiert, während die eigentliche Pyramide völlig ausgeblendet ist. Wenn man aber die eigentlichen Schöpfer des Reichtums in Afrika, Asien, Süd- und Mittelamerika einbezieht, wird man wissen, daß der Marxsche Mehrwert rechnerisch nicht zu ermitteln ist, denn die Produzenten im Süden werden physisch liquidiert. Sie erscheinen nicht im C_v. Sie werden ausgeraubt und vernichtet.

Die Marxsche Hypothese beeindruckt bei unreflektierter Betrachtung, läßt sich jedoch nicht verifizieren. Die eigentlichen Produzenten standen überhaupt nicht auf der Lohnliste.
Was die Klassen betrifft, wovon wir in diesem Kapitel sprechen, so muß man sie im Rahmen der durchmilitarisierten imperialistischen Gesellschaft sehen.

Konsequenzen der Marxschen Klassenanalyse
Seiner eigenen Theorie treu bleibend leitet Marx aus dem ersten Irrtum Folgeirrtümer ab. Es handelt sich hierbei um systemische Fehler, das heißt, sie entstehen nicht aus Fehlkalkulation oder sonst aus Versehen, sondern aus einem Theorieirrtum, der sich immer produziert, wenn der Denkansatz angewandt wird.

Kardinalirrtümer der Marxschen Klassenanalyse
Erster Kardinalirrtum: Die Bourgeoisie ist für Marx eine revolutionäre Klasse.
Was Marx als „Bourgeoisie" bezeichnet, ist nichts anderes als die personellen Träger des Imperialismus. Wir müssen Marx revidieren:
Die Marxsche Bourgeoisie oder die Kapitalisten sind die imperialistische Klasse. Sie ist nicht revolutionsfähig, sondern revolutionsfeindlich. Sie bemüht sich stets revolutionäre Ansätze im Keime zu ersticken. Im Ernstfall wird sie ganze Massenbewegungen physisch liquidieren, was wir in den letzten Jahrhunderten leider oft genug gesehen haben.
Marx, Engels und Lenin waren Bewunderer der vermeintlichen französischen Revolution, die sie als „bürgerliche Revolution in Frankreich" etikettiert haben. Bei dieser Betrachtung muß natürlich aus der realen Geschichte ein Mythos konstruiert werden. Die Katastrophen, welche die sog. „bürgerlichen Revolution" in Frankreich (1789), in allen Erdteilen gebracht hat und die als „napoleonische Kriege" bezeichnet, mußten erst im Meer der Legendenbildung umgetauft werden. Wahr ist, daß die „französische Revolution" das grausamste Kapitel des Imperialismus eingeleitet hat. Er intensivierte die Ausplünderung, Ausbeutung und Völkermord weltweit.
Marx war nicht klassenneutral. Er war eindeutig parteilich für seine „Bourgeoisie". Marx und Engels unterstreichen die historische Bedeutung der Bourgeoisie als das revolutionäre Subjekt der Epoche. Unmißverständlich richten sie den Appell – rhetorisch an die Adresse der „Bour-

geoisie“ – inhaltlich an die gesamte nationale Öffentlichkeit gerichtet – mit der Aufforderung, die Welt unter der „revolutionären Führung der Bourgeoisie“ zu unterjochen. Alle Klassen werden ermahnt, die Führung der „Bourgeoisie“ zu akzeptieren und sie zu unterstützen.

Über die revolutionäre Rolle der Bourgeoisie in der Geschichte schreiben Marx und Engels:

> *„Kämpft also nur mutig fort, ihr gnädigen Herren vom Kapital! Wir haben euch vorderhand nötig, wir haben sogar hie und da eure Herrschaft nötig. Ihr müßt uns die Reste des Mittelalters und die absolute Monarchie aus dem Wege schaffen, ihr müßt den Patriarchai(l)ismus vernichten, ihr müßt zentralisieren, ihr müßt alle mehr oder weniger besitzlosen Klassen in wirkliche Proletarier, in Rekruten für uns verwandeln, ihr müßt uns durch eure Fabriken und Handelsverbindungen die Grundlage der materiellen Mittel liefern, deren das Proletariat zu seiner Befreiung bedarf.“*[34]

Es ist klar, was oder wen Engels mit „Patriarchismus“[35] meint. Im Gesamtkontext der Engelsschen Schriften handelt es sich um die Aufforderung, die noch nicht europäisch besetzten Regionen des Südens zu erobern. Dieses Aggressionsziel wird 1885 in weitester Breite und brutalster Weise in die Tat umgesetzt.

Zweiter Kardinalfehler der Marxschen Klassenanalyse – Warum ist die Bourgeoisie revolutionär nach Marxscher Sicht?

Theoretisch begründet Marx die revolutionäre Mission der Bourgeoisie damit, daß sie sich gegen den Feudalismus erhebt und den Kapitalismus durchsetzt. Somit werden die Leibeigenen proletarisiert und die Voraussetzung der proletarischen Revolution und des Sozialismus geschaffen.
Um seine Theorie zu belegen gerät Marx in die Versuchung, eine Reihe von Konstrukten aufzustellen. Sie bestätigen die Theorie, werden aber von der Geschichte nicht bestätigt. Freilich hat es Feudalherren und Leibeigene gegeben. Man kann daraus jedoch kein Zeitalter „Feudalismus“ konstruieren, ohne die historische Realität zu negieren.
Es ist ein Irrtum, wenn Marx und der Realsozialismus den Feudalismus als universelle Epoche betrachten. Der Feudalismus hatte in Europa eine

---

[34] F. Engels, Die Bewegungen von 1847, in: MEW, Bd. 4, 502 f., hrsg. und erschienen in Berlin / DDR (Deutsche Demokratische Republik) 1969.

[35] Engels schreibt Patriarchalismus.

gewisse regionale Verbreitung, in der übrigen Welt hingegen hat eine Vielfalt von Systemen bestanden, die auf keinen Fall unter dem Begriff Feudalismus subsumiert werden können.

Dritter Fehlschluß – Die Klasse der Arbeiter ist revolutionär

Vorab halten wir fest, daß jeder Mensch über die Willensfreiheit verfügt. In Fragen der gesellschaftlichen Umwälzung können Menschen sich für die Revolution oder für die Konterrevolution entscheiden.

Selbstverständlich spielt dabei die Interessenlage eine wichtige Rolle. Indes kommt es auf das Bewußtsein an.

Marx schrieb dem Proletariat eine revolutionäre Rolle zu. Das ist sicher schön und gut, wenn es so ist. Dank dieser These erwarb Marx sich den Ruhm, der „Revolutionstheoretiker des Proletariats" zu sein. Besteht diese Ehre zu Recht? Oder beruht sie auf einem Mißverständnis?

Der Übergang des Kapitalismus zum Sozialismus erfolgt für Marx zwangsläufig. Der Kapitalismus zerbricht am eigenen Widerspruch zwischen den Produzenten, den Arbeitern und den Kapitalisten, nämlich dem kapitalistischen Produktionsverhältnis. Der Kapitalismus geht mit dem Sozialismus schwanger. Die Produktivkräfte *müssen* diesen Übergang vollziehen. Sie haben keine Wahl. Die Rolle der Arbeiter dabei ist objektiv, nicht subjektiv. Es ist nicht so, daß Marx die Meinung vertreten hätte, die Arbeiterklasse plant bewußt eine Revolution und organisiert sich, um sie durchzuführen.

Die Marxsche Zuschreibung tut den Arbeitern keine Ehre.

Im übrigen dachte Marx dabei an das europäische – nämlich das deutsche und das englische – Proletariat, das dann die Revolution in die übrige Welt exportiert (lies: die Welt erobert).

Historisch bleibt es offen, ob die Arbeiter als Klasse oder als Individuen sich für die Revolution entscheiden. Was das europäische Proletariat betrifft, hat es bisher alle Kriege des Imperialismus blutig mitgetragen.

In der Produktion stellt die europäische Arbeiterklasse die Waffen her. Sowohl als industrielle Armee und als auch als Reservearmee ist sie tragende Kraft bei Aggression und Expansion. Ohne sie ist der Imperialismus nicht handlungsfähig. Das Wort „Armee" war von Marx als Metapher verwendet worden und er dachte nicht daran, daß die Arbeiter im wahrsten Sinne des Wortes die Armee bilden.

In diesem Zusammenhang muß daran erinnert werden, daß der Imperialismus es verstanden hat, die Linke in seinen Vormarsch gegen den Süden einzubeziehen, ohne die seine Angriffs- und Expansionspläne undurchführbar gewesen wären. Arbeiter und Bauern reihten sich in die Aggressionsarmeen ein. Sie besetzten fremdes Land in dem Bewußtsein, sie tun es für sich selber. Die Unterjochung anderer Völker versetzte das europäische Proletariat in eine Herrenmenschposition. Übernacht verwandelten sich Ausgebeutete in Ausbeuter.

Aus Deutschland, Frankreich, England und Italien zogen organisierte Proletarier zusammen mit ihren „fortgeschrittensten" Teilen in den Süden. So kam es z.B. 1885 zum grausamen Völkermord, insbesondere bei der Besetzung Schwarzafrikas. Aus ihren Reihen wurden die Siedlerkolonialisten gestellt. Die einst in Europa ausgebeutet waren, unterdrücken nun selbst jeden Widerstand und plündern ganze Völker aus.

Resultat: Welche Revolution meinen Marx und Engels?
Über das Fazit der langen Analysen von Marx und Engels brauchen wir nicht zu rätseln, wenn wir uns nicht durch Details ablenken lassen. Es ist nicht die proletarische, sondern die bürgerliche Revolution.
Eine proletarische Revolution ist nur eine auf die Zukunft bezogene Hypothese. Im hier und jetzt treten Marx und Engels für die bürgerliche Revolution ein.

Universalistische Antithese zur Marxschen Klassenanalyse
Während Marx einen Determinismus zwischen Klassenlage und Bewußtsein sah, stellen wir fest, daß die Zugehörigkeit zu einer Klasse für sich allein kein Gütemerkmal ist. Die Erfahrung beweist, daß die unteren Einkommensschichten die Chance, nach oben aufzusteigen, ohne Zögern nutzen, wenn sie ihnen offen steht.
Die zweihundertjährigen Erfahrungen mit der europäischen Arbeiterbewegung beweisen, daß es ihr um tarifliche Vorteile und nicht um Systemveränderung gehe. Von dieser Erkenntnis ging Bismarck aus, als er den Begriff vom „Sozialimperialismus" prägte. Damit bezeichnete er eine Politik, welche die Arbeiter an der Kriegsbeute beteilige.

Aus universalistischer Sicht meinen wir, daß für das politische Verhalten das Bewußtsein und die gewählte Identitätsfindung entscheidend sind. Die historischen Erfahrungen lehren, daß primär das Bewußtsein und nicht die soziale Zugehörigkeit allein für die politische Orientierung

maßgeblich ist. Die *Identifizierung* erweist sich als bedeutsam bei den mittleren Schichten, die weder Bourgeois noch Proletarier sind.
Dem imperialistischen Staat ist es gelungen, die Arbeiter in sein System zu integrieren und an sich zu binden. In der gespaltenen Welt identifizieren sich Arbeiter in Nordwest mit dem imperialistischen Staat, der von ihrem Klassenfeind gestellt ist, und nicht mit den Klassenbrüdern des internationalen Proletariats. Nicht allein auf die Klassenlage, sondern auch auf die *Identifizierung* kommt es an. Identifiziert sich ein Arbeiter mit den Zielen seines Staates – weil er meint, davon zu profitieren, so verhält er sich systemloyal. Wenn er sich vom Imperialismus z.B. Wohlstand verspricht, so kämpft er für die Ziele des Imperialismus. Identifiziert er sich mit dem Unternehmen, in dem er arbeitet, so tritt er für den Erfolg dieses Unternehmens und somit auch für die ausbeuterische Politik ein. Die *Identifizierung* erklärt es auch, warum sich Arbeiter der Metropolen gegen ihre Klassenschwestern und -brüder in den Dreikontinenten stellen (es ist noch nie vorgekommen, daß z.B. VW-Arbeiter in Wolfsburg eine Tarifforderung für VW-Arbeiter an allen VW-Werken weltweit stellen). Sie identifizieren sich nicht mit dem internationalen Proletariat, sondern mit der Weltherrschaft, mit den Ansprüchen ihres Nationalstaates, mit den Weißen. Sie sehen sich als Herrenmenschen.

Kapitalisten treten ausschließlich für den Erhalt und die Expansion des Kapitalismus ein. Unterdrückte und Ausgebeutete kämpfen primär gegen Unterdrückung und Ausbeutung.
Die Bedeutung der Interessenlage wird nicht unterschätzt. Dennoch können Menschen bei genügendem Bewußtsein durchaus gegen den eigenen Egoismus zugunsten höherer Ziele des Humanismus handeln.
Die Option, internationale Solidarität und proletarischer Internationalismus, darf nicht aus den Augen verloren gehen. Auf jeden Fall müssen wir am Prinzip der unbedingten Solidarität festhalten.

In bezug auf die Bestimmung des revolutionären Subjekts begeht der Marxismus zweierlei Fehler. Zum einen legt er sich darauf fest, das revolutionäre Subjekt (ausschließlich) an die Klassenlage zu binden. Noch gravierender wiegt der zweite Fehler. Das Proletariat sei *objektiv* revolutionär. Es handelt nicht *subjektiv*, sondern *objektiv* infolge der Zuspitzung des Widerspruchs des kapitalistischen Produktionsverhältnisses. Umso schlimmer, als Marx dabei an das europäische Proletariat denkt und nur verbal von einem internationalen Proletariat spricht.

Sechsundzwanzigstes Kapitel

Arbeit und Arbeitswelt bei Marx

Arbeit bei Marx ist körperliche Arbeit.

Marx und die Arbeitskämpfe

Marx wird als Theoretiker der Arbeiterklasse bezeichnet. Die Herausgeber der Marx-Engels-Werke (MEW) nennen Friedrich Engels „Militärtheoretiker des Proletariats". Bei dieser Art Etikettierung bestehen fundamentale Irrtümer, als hätten die Herausgeber selbst Marx und Engels nie gelesen.

Marx löst die beiden Seiten der Produktionsweise auf, nämlich in *Eigner der Produktionsmittel* und *Produktivkräfte*. Letztere werden eingeteilt in Produktionsmittel (z.B. Maschinen) und Produzenten (Menschen), welche die Produktionsmittel bedienen.

Mag sein, daß man darin eine logische Konsequenz der Marxschen Dialektik sieht. Wäre es so, da hätte man die Diskussion allein auf die Ebene der formalen Dialektik abgehoben. Marx bleibt aber nicht bei diesem Stand stehen, sondern objektiviert den Gegenstand soweit, daß er der Aktionspartner selbst der Willensfreiheit beraubt.

Wenn Marx Menschen und Werkzeuge, Arbeiter und Maschinen zu „Produktivkräften" zusammenfaßt – eine Formel, die er oft wiederholt – dann drückt er damit auch sein Menschenbild aus. Dahinter verbirgt sich die Grundeinstellung, daß Marx die Werktätigen mehr als Bestandteil einer Fabrik, denn als Mitglieder der Gesellschaft betrachtet. Marx benennt die Arbeiter nicht würdevoll und mit Respekt als gleichberechtigte Mitmenschen, als handelnde Subjekte. Für ihn gehören Arbeiter in die Fabriken, weil sie es deterministisch müssen. Daß Marx den Arbeitern eine revolutionäre Rolle zuschreibt, wird im Vulgärmarxismus als ein Beweis dafür angeführt, daß Marx dem Proletariat die größte Ehre zuspricht. Dem ist aber nicht so. Die Revolution und ihre Träger ist ein objektiver, in der Geschichte angelegter Vorgang. Man muß sie nicht wollen. Nicht die Menschen machen die Revolution, sondern die „Revolution" instrumentalisiert die Menschen. Der Ablauf der Geschichte ist historisch determiniert – gleichgültig ob man dafür oder dagegen ist, ob man ihn will oder nicht. Andere Wege sind nicht vorgesehen. Was der historische Determinismus vorschreibt, muß passieren.

Nun sehen wir vom historischen Determinismus und die Rolle der Menschen bei der Bestimmung der großen Epochen ihrer eigenen Geschichte ab. Wir reduzieren die Frage auf die Position Marxens in bezug auf die materiellen Interessen der Arbeiter und ihre existentiellen Belange und Sorgen.

Marx stellt an keiner Stelle heraus, daß die Arbeiter Anspruch auf Mitbestimmungsrechte haben oder gar über die Machbarkeit von Geschichte verfügten. Die historischen Veränderungen erfolgen durch die Zuspitzung des angelegten Widerspruchs der Produktionsverhältnisse, objektiv, nicht subjektiv, nicht durch das Bewußtsein, nicht durch eigene Entscheidung, nicht durch die Willensfreiheit.

Zur Zeit Marxens bestand der Arbeitstag aus 12 Stunden. Mit einem 12-Stunden-Arbeitstag hatten die Arbeiter keine Möglichkeit, ihr gesellschaftliches Leben zu entfalten. Interessant ist eine Betrachtung darüber, wie Marx dazu stand. Er nahm an, daß der Arbeitstag verlängert wird, und hat diese Möglichkeit offengelassen, vielleicht auch begrüßt.

Erst als sich die Arbeiterbewegung für den Achtstundentag stark machte und punktuelle Erfolge verzeichnete, mußten sich Marx und Engels der Massenströmung anpassen.[36]

Über das Lohnsystem ließ Marx nicht mit sich reden. Zum Thema Arbeitszeitverkürzung und andere für die aktuelle Realität der Arbeiter notwendige Tagesforderungen verhielt sich Marx eindeutig und kompromißlos parteilich. Er trat radikal in die Opposition ein – nicht gegen die Kapitalisten, sondern gegen die Arbeiter!

> *„(...) Nach gleicher oder gar gerechter Entlohnung auf Basis des Lohnsystems rufen ist dasselbe, wie auf Basis des Systems der Sklaverei nach Freiheit zu rufen.“*[37]

Erhöhung der Löhne und Verkürzung der Arbeitszeit sind für Marx systemfremde Faktoren, welche die Entfaltung des Kapitalismus beeinträchtigen. Der Eingriff in den durchorganisierten kapitalistischen Gesamtbetrieb störe den Ablauf und den Durchbruch des Kapitalismus.

Bei öffentlichen Debatten pflegen Marxisten Karl Marx mit dem Argument in Schutz zu nehmen, Marx habe einen vorhandenen Zustand konstatiert, nicht ihn gefordert.

Dazu antworte ich: Selbst wenn es wäre, ist es nicht legitim, den herrschenden Zustand so neutral und wertfrei zu berichten. Es geht hier um Menschen, nicht um Maschinen.

---

[36] MEW, 16, 134.

[37] MEW, 16, 131 f.

Marx bekämpfte die proletarischen Initiativen, die prinzipiell den Kapitalismus in Frage stellten. Für ihn war der Kapitalismus historisch notwendig. Er muß voll durchlaufen werden, bevor er objektiv zerfällt. Nicht nur Maschinenstürmer, sondern überhaupt die Vorstellung von Kooperativen, Genossenschaften und Partizipation sind für Marx völlig unakzeptabel. Er konnte sich nicht vorstellen, daß Arbeiter von (den) Produktionsmitteln Besitz ergreifen. Diese Optionen lasse seine Theorie auf keinen Fall zu. Den Kapitalismus zu durchlöchern, ihn innerlich zu zersetzen und dysfunktional zu machen, wäre für Marx die Katastrophe schlechthin. Er hätte eine Sabotageaktion nie billigen können. Der Kapitalismus dürfe nicht chaotisiert, vielmehr solle er ordnungsgemäß zur vollen Entfaltung gebracht werden. Alles andere ist „töricht".
Aus dem gesamten Duktus von „Lohn, Preis und Profit" geht deutlich hervor, daß Marx dagegen war, Lohnsystem und Arbeitszeit zum Vorteil der Arbeiter und zu Ungunsten der Kapitalisten zu verändern.
Die Weisungen, die Marx an die Arbeiter richtet, z.B. sein Appell, sich dem Lohnsystem zu unterwerfen (in: Lohn, Preis und Profit), erklären sich aus der Einstellung, daß er grundsätzlich dagegen ist, Maßnahmen durchzusetzen, welche die kapitalistische Produktion quantitativ oder qualitativ beeinträchtigen. Marx ließ sich von der Bedeutung der machtvollen Bewegung gegen die Lohndifferenzierung und Lohnspaltungen nicht beeindrucken. Daß Arbeiter und ihre Familien darunter leiden, bietet keinen Grund dafür, für Lohngerechtigkeit einzutreten. Vielmehr sah Marx seine Aufgabe darin, die von der Arbeiterbewegung aufgestellte Forderung nach „gleichem und gerechtem Lohn" durch Beiträge in Wort und Schrift zu sabotieren. Die Forderungen der Arbeiterklasse nach gerechtem Lohn disqualifizierte er als „töricht", „platt" und „falschen Materialismus".
Dabei ist zu beachten, daß Marx nicht aus unreflektierter Arbeiterfeindlichkeit handelt, sondern aus tiefer theoretischer Überzeugung Welche Nachteile sich aus diesem Lohnsystem für die Arbeiter ergeben, hat Marx buchstäblich nicht interessiert. Er tritt dafür ein, der kapitalistischen Entfaltung freie Bahn zu Lassen: Die Arbeiterbewegung und die Gewerkschaften behindern die kapitalistische Entwicklung.
Durch eine solchermaßen arbeiterfeindliche Einstellung geriet Marx unter Legitimationszwang und mußte sich gegen den Vorwurf, gegen die Arbeiterorganisation – darunter die Gewerkschaften – zu sein, rechtfertigen.
Und nun wieder die Frage an Marx nach der historischen Rolle der Arbeiterklasse. Marx antwortet: Sie hat den Kapitalismus durchzustehen wie

die Sklaven die Sklaverei und die Leibeigenen den Feudalismus. Dann entstehen die Voraussetzungen für die sozialistische Revolution und für den Sozialismus.
Marxisten entschuldigen den Klassiker mit dem Argument, er steuere auf die Perspektive des Sozialismus zu. Abstrakt träfe sein Argument zu.
Dieses Plädoyer ist nicht stichhaltig. Seine These, die Marx mit wissenschaftlichem Anspruch nicht nur im Kapital präsentiert, legitimiert den Kapitalismus als historisch notwendig. Die hier kritisierten Ansichten werden von ihm in leidenschaftlich gehaltenen Reden, z.B. vor der Ersten Internationale, vorgetragen. Er tritt damit ausgesprochen offensiv gegen integre Arbeiterführer und Kommunisten auf und spart nicht mit disqualifizierenden Äußerungen. Er wirft seinen Gegnern „*platten und falschen Materialismus*" vor. Er wollte mit allen Mitteln erreichen, daß sich der Kapitalismus, der für Marx „keinen außerökonomischen Zwang" benötige, friedlich entfaltet und voll entwickelt – freilich auf Kosten der Arbeiter. Sie wurden von ihm hauptsächlich unter der Problematik der Kosten-Nutzen-Analyse gesehen. Als solche sind sie eine ökonometrische Größe und stehen so gleichrangig neben *c*, dem konstanten Kapital, sprich Maschinen, Gebäuden und neben *m*, dem Mehrwert.
Die universalistische Antithese lautet: Es gibt *keine* Gesetzmäßigkeit, welche den Sozialismus mit historischer Notwendigkeit herbeiführt. Er wird gewollt und aufgebaut oder er tritt nicht ein.
Marx ist nicht nur Kapital-Theoretiker, sondern auch Interessenvertreter des Kapitals. Zur Bezeichnung seines Hauptwerkes wählte Marx die Titelformulierung:

„Kritik der politischen Ökonomie"

In diesem Titel bringt Marx den Grundsatz seines Denkens klar zum Ausdruck, wurde aber in der Rezeption total mißverstanden. Marx ist gegen die politische Intervention in den Entwicklungsprozeß des Kapitalismus von welcher Seite auch immer, ob von oben oder von unten.
„Kritik der politischen Ökonomie" bedeutet Verwerfung der politischen Einflußnahme auf die Ökonomie und ihre gesetzmäßige Entwicklung.
Marx ist gegen die Lenkung und Steuerung der wirtschaftlichen Entwicklung. Den Gesetzmäßigkeiten der Warenproduktion und der Eigenbewegung der Kapitalakkumulation soll freie Bahn gelassen werden.
Auch Keynes (1883-1946) war der gleichen Auffassung wie Marx. Keynes meinte, der Kapitalismus muß nicht in eine ökonomische Krise umschlagen. Die Krise erfolge nur durch Fehlgriffe in die Ökonomie. Diese Fehler können aber durch Krisenmanagement wieder reguliert werden.

Marx sah das Gute im Kapitalismus. Er sei nämlich die notwendige Voraussetzung für das Heranbrechen des Sozialismus. Darum wurde er in der Rezeption für einen Apologeten des Sozialismus gesehen. Dadurch gewann er eine Immunität gegen Kritik. Es war schwer, ihn anzugreifen. Wer es tat, wurde zum Apologeten des Kapitalismus denunziert.

Dabei war Marx selbst der Erfinder des Kapitalismus-Konstruktes. Er trat sogar dafür ein, die kapitalistische Entwicklung gegen theoretische und praktische Kritik zu verteidigen.

Man muß aber auch hinzufügen, daß er genauso den Sozialismus mit Gewalt verteidigen müsse, aber erst, wenn seine historische Stunde gekommen ist. Darum stellte er die Parole von der „Diktatur des Proletariats" auf. Sie solle den Arbeiterstaat und den Sozialismus schützen.

Diese Perspektive hat Marx vor dem Vorwurf des Machiavellismus abgeschirmt. Zu Unrecht. Der Ökonomismus und die Staatstheorie Marxens sind nicht viel besser zu bewerten als der Machiavellismus.

Es ist unbegreiflich, wie Generationen seit Marx bis heute ihn den Theoretiker der Revolution und Wegbereiter des Sozialismus, der die Emanzipation des Proletariats bewirke, nennen.

Siebenundzwanzigstes Kapitel

Klassenkampf

Inhaltsübersicht

1. „Klassen" und „Klassenkampf" bei Marx
2. Stellenwert des „Klassenkampfes" in der Marxschen Theorie
3. Pervertierung des Klassenkampfes
4. Alle Geschichte ist die Geschichte von Klassenkämpfen?
5. Klassenkampf – Die Triebkraft von Geschichte
6. Was bedeutet Klassenkampf nach Marx
7. Zur Evaluation der Marxschen Klassenkampftheorie
8. Die Klassenkampftheorie: Karl Marx verfehlt die Realität

„Klassen" und „Klassenkampf" bei Marx

Der Klassenkampfbegriff bei Marx wurde bisher fehlerhaft verstanden. Die Leserschaft wollte aus ihm eine Legitimation für den eigenen Widerstand erlangen, und so hat sie ihn entsprechend interpretiert, um ihren eigenen, subjektiv gewollten Kampf zu autorisieren. Das lag Marx jedoch nicht im Sinn.

Klassen sind bei Marx starre soziale Verhältnisse. Das Proletariat ist bei ihm ein „Arbeitsheer", das zwischen Produktion und Reproduktion für die Produktion pendelt. Der „Arbeiter" wird auf seine Stellung im Produktionsprozeß reduziert. Die politische, soziale und kulturelle Dimension des Proletariats hat Marx ignoriert.

Ebenso weigerte sich Marx, den antikapitalistischen Widerstand der Arbeiterklasse hier und jetzt, z.B. gegen das Lohnsystem, theoretisch oder moralisch und schon gar nicht praktisch zu unterstützen. Ja, er sabotierte in Wort und Schrift die zu seiner Zeit bedeutsamsten Kämpfe des Proletariats.

Nach Marx haben die Arbeiter zu arbeiten und nicht zu streiken oder sonstwie die gültigen Arbeitsverhältnisse zu erschüttern. Der Tarifvertrag – hätte es ihn damals gegeben – dürfe weder zugunsten der Arbeiter unterlaufen noch geändert werden.

Stellenwert des Klassenkampfes in der Marxschen Theorie

Der Klassenkampfbegriff wurde von Marx nicht erfunden. Er hat ihn vorgefunden. Er meinte aber, ihm eine theoretische, „wissenschaftliche" Semantik verleihen zu müssen.

Der „Klassenkampf" ist ein konstitutiver Bestandteil der Marxschen Theorie. Analog den mathematischen Gleichungen in bezug auf die Kapitalakkumulation hat Marx den Klassenkampf nach demselben Schema verstanden wie physikalische Naturgesetze. Das Marxsche Verständnis von Klassenkampf läßt sich nur analog der Polarität im Atommodell zwischen positiv geladenen Protonen und den negativ geladenen Elektronen vergleichen. Der Antagonismus zwischen „Proletariat" und „Bourgeoisie" existiert automatisch und obligatorisch.

Im Marxschen Sinne kann „Klassenkampf" von der Theorie des Historischen Materialismus nicht abgekoppelt werden. In der theoretischen Anwendung erlangt „Klassenkampf" die folgende Bedeutung:

Der Historische Materialismus teilt die Menschheitsgeschichte in fünf bzw. sechs Epochen ein. Der Übergang von einer Epoche in die nächste erfolgt durch die „soziale Revolution". Triebkraft der sozialen Revolution ist der Klassenkampf.

Nun aber ist Klassenkampf im Sinn der Marxschen Theorie vom historischen Materialismus nicht identisch mit dem, was man in der politischen Bewegung intuitiv annimmt.

Was versteht Marx eigentlich unter „Klassenkampf"?

Der Klassenkampf ist eine Erscheinungsform der Klassengesellschaft. Die warenproduzierende Gesellschaft einer gegebenen Produktionsweise wird von zwei Grundklassen getragen.

Der Klassenkampf existiert seit dem Augenblick, in dem die beiden die Produktionsverhältnisse eingehen (quasi ob sie es wollen oder nicht!).

Für Marx ist Klassenkampf eine unzertrennliche Komponente der Produktionsverhältnisse. Er ist im widersprüchlichen Produktionsprozeß angelegt. Der Klassenkampf ist materiell in der Produktion selbst verwurzelt. Er steht also nicht zur Disposition. Er kann nicht ausbleiben oder aufgerufen werden. Er ist ein untrennbares Attribut der Produktionsverhältnisse. Er kann weder fehlen noch hinzukommen. Er ist wesensgleich mit der Beziehung der beiden Klassen zueinander. Er ist die Erscheinungsform des jeweils vorgegebenen antagonistischen Produktionsverhältnisses. Der Klassenkampf wird nicht beschlossen. Er wird nicht akzeptiert oder abgelehnt. Er wird nicht geplant oder in Aussicht gestellt. Er findet statt. Er kommt nicht durch besondere gedankliche Erwägungen,

theoretische Überlegungen, organisatorische Schritte oder sonstige Bemühungen zustande.
Die warenproduzierende Gesellschaft beruht auf dem Antagonismus zweier Klassen. Zwischen den beiden besteht Klassenkampf, solange diese Produktionsweise besteht. Er existiert weder durch Willensentscheidung noch Entschlußkraft. Es gab z.B. nicht erst den Kapitalismus, dann käme der Klassenkampf etwa aufgrund der Einsicht der Arbeiter in seine Notwendigkeit hinzu. Vielmehr befinden sich die Klassen im Kampf, als die Daseinsweise der beiden den Kapitalismus tragenden Grundklassen. Sie können ihn auch nicht loswerden, wollten sie ihn nicht. Der Klassenkampf ist objektiv nicht subjektiv

Pervertierung des Klassenkampfes

Der Antagonismus zwischen den Klassen ist nicht aufzuheben. Er relativiert sich jedoch, wenn er gegen einen Dritten gelenkt, umorientiert und gegen ihn der Kampf aufgenommen wird. In diesem Fall verschwindet der Klassenantagonismus nicht, die Praxis der Klassenkämpfe wird jedoch entschärft, zugunsten des Krieges gegen einen äußeren Feind.

Von dieser Möglichkeit macht der Imperialismus ausgiebig Gebrauch. Er organisiert das Proletariat als Fußsoldaten, während die Bourgeoisie die höheren Militärränge besetzt. Beide Klassen führen den Krieg gegen einen auswärtigen Feind. Der Klassenkampf wird auf der Erscheinungsebene zurückgedrängt. Die Feindseligkeit wird gegen einen auch unschuldigen Feind gerichtet. Die nationale Allianz überwiegt gegen den Klassengegensatz. Der Krieg gegen einen Dritten überlagert den Klassenkampf.

Auch im Widerstand gegen den Imperialismus verbünden sich die Klassen im Befreiungskampf.

Alle Geschichte ist die Geschichte von Klassenkämpfen?

Das historisch-materialistische Geschichtsbild haben Marx und Engels in einem Satz zusammengefaßt: „Alle Geschichte ist die Geschichte von Klassenkämpfen“ (Einleitsatz des „Kommunistischen Manifestes“).

Auf der Basis meiner eigenen Untersuchungen besteht die Geschichte keineswegs aus einer Kette von Kämpfen. Die europäische Geschichte bildet die große Ausnahme. Sie ist charakterisiert durch Daueraggressio-

nen und Kriege. Der europäische Krieg gegen die Völker hat in Europa selbst begonnen.
Hingegen lebten die außereuropäischen Völker im Großen und Ganzen in Frieden miteinander. Kriege, wenn überhaupt, waren Ausnahmehandlungen. Wenn sie nicht verhindert werden konnten, waren sie umzirkelt und nur zwischen Armeen ausgetragen. Der Krieg durfte nicht auf Zivilbevölkerung und Unbeteiligte übergreifen. Gemetzel und Völkermord wurden ausschließlich von Europäern verübt.
Der Marxsche Satz *„Alle Geschichte ist die Geschichte von Klassenkämpfen"* bringt das Prinzip des Dualismus, dessen wichtigstes und grausamstes Symptom der Krieg ist, zum Ausdruck. Dualismus hat sich durch das Römische Reich sehr früh in Europa durchgesetzt.
Kampf als wichtigstes Symptom des Dualismus beschränkt sich nicht auf Kriege, Bürgerkriege und gegenseitige Scharmützel sozialer Gruppen. Aggressive Einstellungen charakterisieren die zwischenmenschlichen Beziehungen überhaupt.
Das „Kommunistische Manifest" konstatiert einen Dauerkampf, bejaht und fordert ihn. Hingegen findet sich im Kommunistischen Manifest keine Verurteilung der europäischen Aggressionen gegen den Rest der Menschheit.
Auch heute noch wird der Frieden in der Welt ausschließlich durch europäische und US-Aggressionen gegen die übrige Menschheit gestört. Die NATO ist der einzige Militärpakt weltweit. Sie verbindet einen Großteil Europas zur einheitlichen aggressiven Organisation, der auch die USA und Kanada angehören. Die Auflösung der NATO ist der erste und entscheidende Schritt zum Weltfrieden.

Klassenkampf – Die Triebkraft von Geschichte

Der marxistischen Geschichtsauffassung liegt der Eingangssatz des Kommunistischen Manifests zugrunde: *„Alle Geschichte ist die Geschichte von Klassenkämpfen"*. Sicher stellen Klassengegensätze eine Triebkraft von Geschichte dar. Zur hermeneutisch korrekten Lesart des Textes folgen wir noch einmal der Marxschen Geschichtstheorie:
Der hier angesprochene Klassenkampf ist nicht eine subjektive Handlung, welche von Parteien, Gewerkschaften und Belegschaften geplant, ausgerufen und durchgeführt wird. Im Sinne von Marx vollzieht sich die Geschichte als Geschichte von Klassenkämpfen, objektiv, nicht subjektiv, selbsttätig, nicht anthropogen, sondern automatisch, unabhängig von Willen und menschlichen Entscheidungen.

Richtig ist: Die Geschichte wird nicht allein von Herrschenden, vielmehr von Völkern und werktätigen Massen gemacht. Darum ist sie die Geschichte von Unterdrückung und Widerstand unterdrückter Völker und ausgebeuteter Klassen.

Was bedeutet Klassenkampf nach Marx?

Wie gesagt, läßt sich die Bedeutung des Klassenkampfes bei Marx nur im Rahmen seiner gesamten Theorie vom historischen Materialismus hermeneutisch korrekt begreifen. Nach Marx:

Eine Epoche der fünf Epochen der Menschheitsgeschichte ist durch den Widerspruch zwischen den Produktivkräften und den Produktionsverhältnissen charakterisiert. Dieser Widerspruch entwickelt, verschärft und spitzt sich zu, bis er in die soziale Revolution umschlägt. Die alte Epoche geht unter und wird durch die folgende abgelöst. Triebkraft der sozialen Revolution ist der Klassenkampf.

Die unreflektierte Marxrezeption hat den Klassenkampfgedanken bei Marx als Aufruf an die Arbeiterklasse zum Widerstand gegen das Kapital aufgefaßt. Auf diesem Mißverständnis beruht die eigentliche Faszination für den Marxismus, die aber auf einem fundamentalen hermeneutischen Irrtum beruht. Unterdrückte und ausgebeutete Menschen projizieren ihre Hoffnungen in die Marxsche Theorie. Sie haben ihrem Urheber großes Unrecht getan – im positiven Sinne.

Zur Evaluation der Marxschen Klassenkampftheorie

Die Abhängigkeit des Verständnisses von Klassenkampf bei Marx von seiner Geschichtstheorie führt zu einem physikalischen Verständnis vom Klassenkampf. Letzterer ist nicht eine Handlung nach Einsicht, Willensfreiheit und Entschlußkraft, sondern autonom, obligatorisch, objektiv, nicht subjektiv.

Die Klassenkampftheorie Karl Marx' verfehlt die Realität

Marx verkennt das dominante Prinzip der imperialistischen Gesellschaft: Der nationale Konsens bricht den Klassenwiderspruch. Der Militarismus rekrutiert seine Soldaten aus den Reihen von Bauern und Arbeitern. Die Klassenstruktur geht in die Armee über: Die Bourgeoisie stellt Generäle und Offiziere, das Proletariat die Soldaten. Die Viskosität tut der Grundstruktur keinen Abbruch.

Der nationale Befreiungskampf tut es analog. Im antiimperialistischen Widerstand vereinen sich alle Klasen – mit Ausnahme von Kollaborateuren und Kompradoren – gegen den Imperialismus.
Der Imperialismus kanalisiert seine inneren Widersprüche nach außen. Dabei sollen ausgebeutete Menschen in seinem eigenen Territorium ihre Kampfbereitschaft gegen den inneren Klassenfeind einstellen und sie gegen einen äußeren vermeintlichen Feind richten. Die Methode der Kanalisierung innerer Kämpfe nach außen wendet der Imperialismus ununterbrochen – leider nicht ohne Erfolg – seit den Kreuzzügen (Beginn 1054) bis heute, z.B. gegen Irak und Afghanistan, an.
Die Klassenkämpfe kamen selten zum Durchbruch; sie wurden durch den imperialistisch suggerierten Feind überlagert.
Der antiimperialistische Widerstand tut es analog, aber mit umgekehrten Vorzeichen: Alle sozialen Schichten und Klassen vereinen sich gegen den nationalen Feind.

Teil 7 – Staat

Achtundzwanzigstes Kapitel

Der Staat
Zur Marxschen Staatstheorie

Der Staat ist das Instrument der herrschenden Klasse zur Ausübung ihrer Macht und zur Widerstandsbekämpfung. Die herrschende Klasse stellt den Staat zur Durchsetzung ihrer Interessen: Schutz des Privateigentums an Produktionsmitteln, Förderung der Kapitalverwertung und zur Niederschlagung von Klassenkämpfen.
Marx definiert den Staat im Kapitalismus als *ideeller Gesamtkapitalist*.
Der Staat verkörpert den Überbau. Im Kapitalismus herrscht die Bourgeoisie und stellt damit den bürgerlichen Staat.
Der Staat („Überbau“) sorgt dafür, daß die bestehenden Produktionsverhältnisse („Basis“) zu schützen und zu erhalten.
Eine radikale Veränderung der Produktionsverhältnisse bedingt den Absturz des Staates. Die Basis stellt den staatlichen, politischen und ideologischen Überbau. Indes müssen Veränderungen der Basis und des Überbaues nicht voll synchron ablaufen. Im Regelfall geht die eine Seite voraus, die andere hinkt nach.

W.I. Lenin hat die Marxsche Staatstheorie weiter entwickelt: Der Staat gehört in die Klassengesellschaft und wird in der klassenlosen Gesellschaft überflüssig. Lenins „Staat und Revolution“ gilt als das Grundlagenwerk der marxistischen Staatstheorie.

Sterbeperspektive des Staats
Lenin stellte die These auf, daß der Staat nach der sozialistischen Revolution weiterhin notwendig bleibt. Der Arbeiterstaat muß sein eigenes Herrschaftsinstrument haben, um den Sozialismus gegen die Konterrevolution zu verteidigen. Erst wenn der Aufbau des Sozialismus abgeschlossen ist, stirbt der Staat ab. Er wird nicht zerschlagen (!).
Ableitung – Die Sterbeperspektive des Staats läßt sich wie folgt herleiten:

Wenn der Staat zerschlagen wird, bedeutet dies eine Zuspitzung von Klassenkampf. Daraus ist zu schließen, daß die Klassen bestehen. Damit aber ist der Staat notwendig.
Die Sterbeperspektive des Staats ist eine theoretische Eigenleistung Lenins. Der Staat sitzt die Existenz von Klassen voraus. Die eine Klasse stellt ihn, um die andere zu unterdrücken und selbst zu herrschen.
In der klassenlosen Gesellschaft, dem Kommunismus, besteht kein Bedarf mehr am Staat. Er stirbt ab.

Der imperialistische Staat aus universalistischer Sicht

Kritik der marxistischen Staatstheorie

Inhaltsübersicht

1. Der Staat in vorkapitalistischen Gesellschafen
2. Der Staat im Kapitalismus und Imperialismus, im Marxismus als „bürgerlicher Staat" bezeichnet
3. Herrschaftssicherung
4. „Sozialimperialismus"
5. Die nationale Allianz verdrängt den Klassenantagonismus. Nationaler Konsens ersetzt den Klassenkampf
6. Der „soziale Frieden"
7. Militarismus bildet das Wesen des Staates im Imperialismus
8. Demokratie für die Massen ist Diktatur der Herrschenden

Sicher ist, daß der Staat primär dazu da ist, daß sich bestehende Produktionsverhältnisse nicht ändern und daß Widerstand dagegen zerschlagen werden soll. Beim ersten Blick imponiert die marxistische Staatstheorie als plausibel und überzeugend. Erst die kritische Betrachtung deckt empfindliche Schwächen, Lücken und Irrtümer. Den marxistischen Thesen stellen wir Antithesen entgegen.

Der Staat in vorkapitalistischen Gesellschafen
In *historisch*er Hinsicht irrt sich der Marxismus: Die Entstehung des Staats war nicht an die Klassenbildung gebunden. Auch in klassenlosen Gesellschaften gab es den Bedarf an den Staat zur Regelung rein ziviler und Verwaltungsaufgaben. In erster Linie waren es die Wasserwirtschaft, -verteilung und Entwässerung bei Überschwemmungen, ferner Schutz vor Naturkatastrophen und Abwehr von Angriffen.

Die erste Staatsbildung fand am Nil, in Ägypten, Statt. Ihm folgte Babylon im Zweistromland. Dabei handelte es sich gewiß um keinen Klassenstaat.

Der Staat im Kapitalismus und Imperialismus, im Marxismus als „bürgerlicher Staat" bezeichnet
Es trifft zu, daß der Staatsapparat den Herrschenden als Instrumentarium zur Bekämpfung des Widerstandes unterdrückter und ausgebeuteter Klassen und Schichten dient. Dabei verkennt der Marxismus die nach innen gerichtete, leider erfolgreiche Strategie des Imperialismus, deren Pfeiler wir nachstehend einzeln thematisieren wollen.

Herrschaftssicherung
Der imperialistische Staat macht zunehmend Gebrauch von Methoden der Herrschaftssicherung außer physischer Gewalt: Sozialpsychologie, Medien, Manipulation, Freizeitgestaltung und anderes mehr.
Der Marxismus ignoriert zentrale Fragen der Herrschaftssicherung, die ohne Anwendung physischer Gewalt gegen Schichten der eigenen Bevölkerung praktiziert werden.
Marx irrt sich ferner indem er den außerökonomischen Zwang auf die vorkapitalistischen Epochen reduziert und daß er im Kapitalismus überflüssig und nur durch den kapökonomischen Zwang ersetzt wird. Was sind die Kriege des Imperialismus anders zu deuten als „außerökonomischer Zwang". Aber auch im eigenen nationalen Bereich kann der Imperialismus auf den sog. „außerökonomischen Zwang" nicht verzichten. Hinter einer demokratischen Fassade verbergen sich in Hülle und Fülle Kontrollen und Repressionen.

„Sozialimperialismus"
Sozialimperialismus heißt die soziale Frage imperialistisch lösen. Ihm ist es zu verdanken, daß er im eigenen Herrschaftsbereich einen „sozialen Frieden" zu sichern und damit die Basis für den „nationalen Konsens" zu schaffen. Dem Imperialismus wurden der Rücken für Aggressionen nach Außen freigehalten. Der innere Gegensatz wurde nach Außen kanalisiert. Seitdem kann der Imperialismus bei all seinen Kriegen gegen die Völker der Welt mit der Unterstützung der eigenen Bevölkerung rechnen und Daueraggressionen führen, die von Bauern und Arbeitern als Fußsoldaten ausgetragen werden. Diese Tatsache wurde von den Klassikern des Marxismus vollständig ignoriert.

Die nationale Allianz verdrängt den Klassenantagonismus –Nationaler Konsens ersetzt den Klassenkampf
Die Herrschenden beteiligen die Arbeiter an der Ausplünderung und Ausbeutung fremder Völker. Dem „Sozialimperialismus" gelang es, die ausgebeuteten im eigenen Herrschaftsbereich als Verbündete zu gewinnen. Durch ihre Integrierung in die Strukturen des Systems verschob sich der Charakter des Antagonismus vom Klassenkampf hin zum „nationalen Konsens".

Der Imperialismus richtete eine Vielfalt von Institutionen zur Pflege und Sicherung des nationalen Konsenses ein. Dazu gehören in erster Linie Gewerkschaften, Trade Unions, Tarifrunden, reale oder formale Mitbestimmung. Eine Vielfalt von Parteien verstärkt den Gleichheits-Mythos und die Demokratieillusion.

Der „soziale Frieden"
Ein weiterer Aspekt der Herrschaftssicherung ist die auf den inneren „sozialen Frieden" gerichtete Politik des Monopolkapitals.
Das Finanzkapital hat es zunehmend verstanden, sein wahres Gesicht hinter der Fassade allgemein zugänglicher Institutionen zu verbergen. Anonym versteckt es sich hinter Banken und Aktiengesellschaften. Das äußre Bild der Sozialstruktur der Gesellschaft zeigt nicht unmittelbar einander gegenüber stehenden feindlichen Klassen. Banken, Aktiengesellschaften und andere Organisationsformen des Finanzkapitals und der Industrie sind auch Arbeitern, wenn auch nur in begrenztem Maße, offen. In der imperialistischen Gesellschaft besteht real eine, sogar extreme soziale

Differenzierung. Dennoch konnten „Klassenschranken“ auf der Erscheinungsebene verschleiert werden. Sie sind nicht mehr in der Weise sichtbar, wie sie von Marx und Lenin beschrieben worden sind.

Ganz gewiß besteht Armut in der imperialistischen Gesellschaft selbst. Gleichwohl bemüht sich der Imperialismus, soziale Gegensätze in der eigenen Bevölkerung zu entschärfen.
Auf die Ambivalenz der Armutspolitik des imperialistischen Staates soll aufmerksam gemacht werden. Selbst die Klassiker des Marxismus haben die Politik des Imperialismus in bezug auf die Verelendung nicht durchschaut. Synchron mit der Politik der Armutsbekämpfung wird eine Politik der Armutserzeugung und -erhaltung betrieben.

Militarismus bildet das Wesen des Staates im Imperialismus
Aus der marxistisch eingeengten Perspektive heraus wurde die eigentliche Funktion des Staates im Imperialismus völlig verkannt: Er baut den Militarismus auf und stellt die gesamte gesellschaftliche Organisation auf den Krieg ein. Der Staat schafft die Voraussetzungen für Aggression und Krieg. Er organisiert den Krieg, führt ihn durch und regelt die Folgen. Im Imperialismus wird alles militarisiert – von der Kriegswirtschaft über Bildung bis zur täglich wirkenden Informationspolitik und Manipulation. Der imperialistische Staat schafft den Militarismus als Grundlage seiner Herrschaft und aggressiv-expansionistischen Ziele. Der Militarismus wurde zur Basis und Produktionsweise des Imperialismus.

Marx stellt das imperialistische System als eine „Produktionsweise“ dar, die er als „Kapitalismus“ bezeichnet wird. Nach der Marxschen Analyse erscheint der von Marx sogenannte „Kapitalismus“ „produktiv“. Er bezeichnet ihn sogar als „Produktionsweise“, sogar als die produktivste aller bisherigen Klassengesellschaften.
Marx irrt sich. Der Marxsche „Kapitalismus“ ist eine Illusion. Auf dem Kapitalismuskonstrukt basieren seine mathematischen Ableitungen. Die Rekursion ist richtig, nur die Voraussetzung ist falsch.
Marx bezeichnet den „Kapitalismus“ als Fortschritt.
Marx irrt sich gewaltig. Noch nie hat ein System an Menschen und Material so viel zerstört wie der Imperialismus.
Der Marxsche Kapitalismus ist weder ein Fortschritt noch ist er produktiv.

Der Imperialismus ist durch und durch parasitär und destruktiv. Noch nie in der Menschheitsgeschichte wurde so viel zerstört und vernichtet wie unter dem Imperialismus.
Der Staat im Imperialismus ist ein Militärapparat. Die Politik des Imperialismus ist Militarismus. Er prägt sämtliche Einrichtungen der Basis und alle Institutionen des Überbaus.
Der imperialistische Staat organisiert die Aggressionen, realisiert die Expansionspolitik, übt die Unterdrückung von Völkern und die Ausplünderung ihrer Ressourcen.

Demokratie für die Massen ist Diktatur der Herrschenden

Im „Kapitalismus" herrscht die imperialistischen Oligarchie, das Finanzkapital, die Industriemacht, die Rüstungsproduktion. Gleichwohl wird eine Demokratie suggeriert, die dank der politischen Verdummung der breiten Massen auch als solche geglaubt wird (alle Jahre wieder mal ein Gang zur Urne, mehrere politische Parteien u.a.m.).
Man muß dabei freilich einräumen, daß Anteile des Mittelstandes und selbst der niederen Einkommensgruppen im Imperialismus ihren eigenen Vorteil sehen und problemlos die Überprivilegierung der Bourgeoisie akzeptieren. Die Klassen schließen miteinander einen unausgesprochenen Stillhalte-Vertrag. Sie erkennen die Völker der Welt nicht als Schwestern und Brüder, vielmehr sehen sie als die Quelle für ihren realen oder vermeintlichen „Wohlstand".

Neunundzwanzigstes Kapitel

Fortschritt

Inhaltsübersicht

1. Faszination „Fortschritt"
2. Wie sieht Marx das Verhältnis des Sozialismus zum Kapitalismus?
3. Prediger des „Fortschritts"
4. Der Marxsche Fortschrittsbegriff
5. Fortschrittsgläubigkeit bei Marx
6. Was ist eigentlich Fortschritt nach Marx? Produktivkraftentwicklung
7. Der Platz des arbeitenden Menschen in der Marxschen Fortschrittstheorie.
8. Sanktionierung der Klassengesellschaft als Bedingung des Fortschritts
9. Der Marxsche historische Materialismus – Die Rehabilitierung der historischen Reaktion
10. Die Theorie von Marx über „Fortschritt" in Thesen
11. Zum Wesen des „Fortschritts" im Kapitalismus und Imperialismus
12. Der Marxsche Sozialismus baut auf dem Kapitalismus
13. Universalistische Antithesen zur Marxschen Theorie vom Fortschritt

Faszination „Fortschritt"

Zu Beginn des 19. Jahrhunderts, unmittelbar vor der Geburt Karl Marx, finden in Europa, von England ausgehend, technologische Entwicklungen, u.a. die Dampfmaschine, statt, die gewöhnlich als „industrielle Revolution" bezeichnet werden.
Es eben diese „industrielle Revolution", welche Marx dermaßen imponierte, daß er sich in seinem gesamten Werk von diesem technikgeschichtlichen Vorgang bestimmen ließ.
Marx lobt die industrielle Revolution mit Begriffen wie *„ungeheure Erschließung der Produktivkräfte"*, welche die Landwirtschaft und das Handwerk in die Annalen der Geschichte verweist.
Unversöhnlich führt Marx rhetorische Attacken gegen alle, welche die „technologische Umwälzung" kritisch betrachteten, allen voran die sog. „Maschinenstürmer". Marx war ein unversöhnlicher Gegner der Maschi-

nenstürmer, und zwar undifferenziert – in all ihren Fraktionen. Auf ihre Argumente ist er nicht in der gebotenen Seriosität eingegangen.

Wie sieht Marx das Verhältnis des Sozialismus zum Kapitalismus?
Marx sieht im Kapitalismus nicht die Zerstörung der Natur und die Vergiftung der Umwelt, sondern den – historisch notwendigen – Übergang in den Sozialismus. Die Notwendigkeit des Kapitalismus als unerläßliche Voraussetzung für den Sozialismus wird hauptsächlich mit der technologischen Leistung des Kapitalismus und seiner strengen betrieblichen Organisation begründet.
Der Kapitalismus – die Produktionsweise der totalen Entfremdung und extremen Ausbeutung – war für Marx der Inbegriff des Fortschritts. Für ihn stellt die kapitalistische Produktion den Höhepunkt aller bisherigen Entwicklungen der Menschheit dar. Nicht nur die Technologie, sondern auch die strukturelle und gesellschaftliche Organisation faszinierten ihn.

Prediger des „Fortschritts"
Marx wie Engels haben den Fortschritt ausschließlich technologisch begriffen. Der Umschlag von der Urgesellschaft in die Klassengesellschaft und die Übergänge von der Sklaverei über den Feudalismus zum Kapitalismus beruhen auf der Entwicklung der Produktionsmittel, so ihre Theorie. Zudem haben Marx und Engels das Privateigentum als Voraussetzung und Garant für die Entwicklung der Technik und der gesellschaftlichen Umorganisierung angesehen.
Da aber die Abfolge der Gesellschaften deterministisch betrachtet wird, war die technologische Entwicklung als ökonomische Basis für Marx und Engels kein Gegenstand ihrer Kritik. Dabei äußern sie sich über die Technik als Produktivkraft nur positiv. Auch über die kapitalistische Industrie urteilen Marx, Engels, Lenin und Stalin uneingeschränkt positiv.

Der Marxsche Fortschrittsbegriff
Marx macht sich den Fortschrittsbegriff seiner Umwelt zueigen, oder – um es direkt zu sagen – er hielt an dem fest, was er zu bekämpfen glaubt. Er identifiziert sich mit dem kapitalistischen Verständnis vom Fortschritt. Nach Marx ist die Entwicklung der Produktivkräfte Inhalt und Maßstab des Fortschritts.

Das wundert in der Tat, denn in der Klassengesellschaft werden die Produktivkräfte nur in dem Maß entwickelt, wie sie die Produktion steigern, die Kosten minimieren und den Profit maximieren. Das hätte Marx wissen müssen, denn „die Produktivkräfte“ werden nicht mehr als notwendig entwickelt. Es widerspricht sich also. Doch er scheint diesen Widerspruch mit seinem Konzept vereinbaren zu wollen, da er sonst seinen Entwurf hätte insgesamt aufgeben müssen.

Fortschrittsgläubigkeit bei Marx

Marx – wie übrigens auch Engels, Lenin und Stalin – war schlechthin fortschrittsgläubig. Ihnen allen fehlte die kritische Distanz zu technologischen Neuerungen.

Den Klassikern folgte der Realsozialismus. Leider hat er den kapitalistischen Leistungszwang in vollem Umfang übernommen und wetteiferte mit dem Westen um Rekorde. Vielleicht, weil er selbst einem Zwang unterworfen war.

Marx trägt nicht allein die Schuld für die Fehlentwicklungen im Realsozialismus. Wir müssen feststellen, daß wir bei Marx kaum eine angemessene Fortschrittskritik erfahren. Vielmehr betrachtete er die technologische Entwicklung uneingeschränkt als in höchstem Maße lobenswerten Fortschritt.

Was ist eigentlich Fortschritt nach Marx? Produktivkraftentwicklung

In der weiteren Ableitung erklärt Marx den historischen Fortschritt als die Produktivkraftentwicklung. Der Entwicklung liegt die Bewegung der Produktion zugrunde. Nicht der Mensch, sondern die Maschine entwikkelt den Menschen und insgesamt die Welt.

Nachdem Marx seine Vorstellung vom Ablauf der Menschheitsgeschichte entwickelt hat, kommt er zu dem Ergebnis, daß die Revolution erst im Anschluß an den Kapitalismus eintritt, da erst dort die Produktivkraftentwicklung soweit ist.

Der Platz des arbeitenden Menschen in der Marxschen Fortschrittstheorie

Den Durchbruch in der Produktivkraftentwicklung sah Marx in der „Arbeitsmaschine“, das ist die Maschine, die Maschinen produziert. Die Pro-

duktivkraft Mensch ist ihrerseits ein Teil, ein „Zubehör“ (so Marx) der großen Maschine, der ideellen Gesamtfabrik des Kapitalismus. Auch bei dieser Reduktion des Menschen auf Produktivkraft, auf einen Sonderfall einer Produktionsmaschine, diesen Zustand sah Marx als vereinbar mit seiner Sozialismusvision.
Weitere Punkte der Kritik an der Marxschen Auffassung von Fortschritt:

Sanktionierung der Klassengesellschaft als Bedingung des Fortschritts

Schauen wir uns einmal die von Marx geglaubten, aber unausgesprochenen Vorstellungen
Das Geschichtsbild von Marx, aus dem er seine Zukunftsvision ableitet, reduziert die Revolution auf technologischen „Fortschritt“ und die daran gebundene betriebliche und soziale Organisation.
Marx spricht zwar von „Revolution“, bei genauerer Betrachtung handelt es sich inhaltlich jedoch nicht um „Revolution“ sondern um „Evolution“. Das heißt, die Klassengesellschaft wird nicht zerschlagen, sondern entwickelt sich zum Sozialismus, der seinerseits eine Klassengesellschaft bleibt.
Ebenso erfolge der Übergang vom Sozialismus in den Kommunismus nicht durch Revolution, sondern durch Evolution. Der Sozialismus wächst in den Kommunismus hinüber.

Der Marxsche historische Materialismus – Die Rehabilitierung der historischen Reaktion

Marx und Engels haben den historischen Fortschritt an die Klassenbildung gebunden. Das wundert in mehrfacher Hinsicht. Zunächst deshalb, weil sie das Gegenteil forderten. Zum anderen ist die Annahme historisch unrichtig. Drittens mußten sich die beiden Klassiker in Widersprüchen verheddern, die ihnen offensichtlich nicht bewußt waren.

Die Theorie von Marx über „Fortschritt“ in Thesen

1. Vom Urkommunismus über die Klassengesellschaften, Sklaverei, Feudalismus und Kapitalismus bis zum Sozialismus, vollzieht sich die Entwicklung als technologischer „Fortschritt“, als Höherentwicklung der Produktivkräfte.
2. Der „Fortschritt“ steuert selbsttätig auf eine Vollendung zu.

3. Der „Fortschritt“ bringt Klassen und Nationen Befreiung und Selbstverwirklichung.
4. Der Kolonialismus bringt den unterjochten Völkern den Fortschritt.
5. Der Kampf gegen Kolonialismus ist Kampf gegen den Fortschritt, den Sozialismus und die potentielle Befreiung, daher reaktionär.
6. Die Revolution, durch die der Kapitalismus vom Sozialismus abgelöst wird, erklärt sich dadurch, daß der Kapitalismus den für den Sozialismus und Kommunismus notwendigen technologischen Fortschritt besorge.
7. Die Umorganisierung des Kapitalismus in Sozialismus und des Sozialismus in Kommunismus erfolgt selbsttätig und ergibt sich notwendig aus der technologisch bedingten Produktion und Organisation, die ausschließlich vom Kapitalismus hätten stammen können.
8. Der Übergang vom Kapitalismus zum Sozialismus ist die ***letzte*** aller Revolutionen der Menschheitsgeschichte.

Zum Wesen des „Fortschritts“ im Kapitalismus und Imperialismus

Die Zerstörung der Natur, des ökologischen Kreislaufes und der Lebensbedingungen hat Marx aus unmittelbarer Nähe erfahren, ohne darauf eine angemessene Kritik oder auch nur Warnung zu verlieren.
Der Raub der Natur, die Ausplünderung der Ressourcen weltweit, die grenzenlose Ausbeutung waren für Marx Aspekte des kapitalistischen Fortschritts und damit Elemente der Geschichtsreise zum Sozialismus und Kommunismus.
Die kapitalistische Entwicklung und imperialistische Produktion dienen der Profitmaximierung, Leistungsoptimierung und Kostenminimierung. Ihre Nachteile werden auf dem Rücken der Werktätigen ausgetragen. Ihre pathologischen Auswirkungen auf die Menschheit werden – vom Imperialismus wie von Marx – in Kauf genommen.

Der Marxsche Sozialismus baut auf dem Kapitalismus

Auf der Basis der kapitalistischen Produktionsweise soll nun – nach Marx – der Sozialismus aufbauen. Es kann nicht im Sinn einer korrekten Hermeneutik des Marxschen Gesamtentwurfs sein. Grundsätzlich fordert Marx, daß der Sozialismus der bessere Kapitalismus sein soll.
Wenn Marx so denken würde, wie ich vorschlage, hätte er nicht die Vollendung des Kapitalismus abwarten, sondern sofort zur Revolution aufrufen müssen. Er hätte gleich mit der kapitalistischen Produktion brechen und dazu auffordern müssen.

Grundsätzlich aber wollte Marx, daß der Kapitalismus soweit wachse, bis er selbst in den Sozialismus hinüberleitet. Marxistisch betrachtet sollte der kapitalistische Entwicklungsweg vom Sozialismus übernommen, gesteigert und übertroffen werden.

Universalistische Antithesen zur Marxschen Theorie vom Fortschritt

Ich glaube, daß ich nicht herausstellen brauche, daß wir nicht gegen den Fortschritt sind, sondern gegen eine technologische Ausnutzung von Leistungskapazitäten ohne Rücksicht darauf, was sie an Schattenseiten haben.

Der technologische Fortschritt kann ein Fluch und kann ein Segen sein. Es müssen Kriterien aufgestellt werden, welche den Fortschritt gegen destruktive Entwicklungen abgrenzen sollen. Das erste Kriterium lautet uneingeschränkt: Fortschritt müsse dem Wohl des Menschen dienen und im Interesse der Weltbevölkerung sein.

Fortschritt ja, Schaden für Mensch und Natur – Nein Danke!

Technische Entwicklungen, die Pathologien auslösen sind kein Fortschritt. Sie müssen verboten sein. Ebenso solche, welche kurz-, mittel- oder langfristige Nachteile bewirken. Fortschritt ist möglich, ist notwendig, aber nicht um jeden Preis. Nicht alle Wege des Fortschritts führen zur Verbesserung der Lebensqualität.

Der Universalismus ist fortschrittsfreudig, nicht fortschrittsgläubig.

Im Unterschied sehen wir die katastrophalen Auswirkungen des imperialistischen „Fortschritts“: Vernichtung von Menschen, exessive Ausbeutung von Frauen, Plünderung der Umwelt, verschwenderischer Umgang mit Bodenschätzen und Mineralien, irreversible Brüche des ökologischen Kreislaufes und vieles andere mehr. Diese Schäden stellen einen Negativkatalog für den universalistischen Fortschritt dar.

Schwerpunkt des imperialistischen Fortschritts ist Militarisierung der Produktion und Intensivierung der Rüstung.

Der Universalismus fordert sofortige Konversion. Es wird ausschließlich für den Frieden produziert. Ohne Rüstung leben!

Der Universalismus fordert, daß der imperialistische Entwicklungsweg total zerschlagen werden muß. Das heißt, daß nicht blind ausgeräumt werden muß. Eine brauchbare Fabrik soll nicht in Brand gesteckt, sondern umfunktioniert werden.

Der Universalismus teilt die Marxsche Auffassung in Bezug auf den Fortschritt nicht.

Dreißigstes Kapitel

Ökologie

Der Mensch lebt von der Natur, die Natur vom Menschen. Die Pflege einer reproduktiv-regenerativen Beziehung zur Natur ist die Bedingung für den Bestand der Lebenssphäre. Ein schonendes Verhältnis zur Umwelt muß gewahrt bleiben. Die Erhaltung des Gleichgewichtes und des natürlichen Kreislaufes ist nicht nur ein ethisches Gebot, sondern auch Grundlage der Selbsterhaltung der menschlichen Gattung und aller Lebewesen. Die Natur muß reproduzierbar bleiben.

Die Epoche Karl Marx', das 19. Jahrhundert, ist die Zeit der Umweltvergiftung. Die Zerstörung der Natur erreicht einen bis dahin noch nie dagewesenen Grad. Zum ersten Mal ist die Menschheit mit einem solchen Ausmaß der Verunreinigung der Gewässer, Verseuchung des Bodens und toxischen Belastung der Luft konfrontiert. Pathologien verbreiten sich. Die Sterblichkeitsquote infolge der Vergiftung der Atemluft, des Trinkwassers und des Agrarbodens verzeichnet Spitzenwerte. All das scheint Marx nicht erschüttert zu haben.

Ökologische Kritik an Marx

Die Ausbeutung der Natur, der Raubbau, die Ausplünderung der Ressourcen, die Ausschöpfung von Rohstoffen, Mineralien, seltenen Metallen und der verschwenderische Umgang mit Energieträgern für Profitzwecke werden von Marx als der „Fortschritt" schlechthin, als große „Erschließung der Produktivkräfte" und als Sieg der Ratio über die Natur beschrieben.

Richtig ist: Die Marx-Generation hat unermeßlichen Reichtum und große natürliche Bodenschätze mit seltenen Metallen empfangen.

Hinterlassen hat sie Mangel, Pathologien und zerstörte Umwelt.

Damit nicht genug daß Marx – ebenso wie Engels – zur anthropogenen Besorgung der ökologischen Katastrophe schweigt, vielmehr lobt er die Zerstörung mit überschwänglichen Worten wie „ungeheuere Erschließung der Naturkräfte".

Die kurzsichtige Betrachtung des Theoretikers vermochte es nicht, die irreversible destruktive Entwicklung vor der Haustür zu sehen. Daß die Potentiale endlich sind und daß Generationen nach ihm darunter werden lei-

den müssen, machte ihm kein Kopfzerbrechen. Daß die Ressourcen nicht unendlich sind hätte man auch im Frühkapitalismus erkennen können.
Die Kritikfähigkeit Marx' hat auf dem Gebiet der Umwelt und der Zersetzung des ökologischen Kreislaufes völlig versagt. Nichts läge Marx und Engels näher als die Folgen der der kapitalistischen Eingriffe in die Natur zu erkennen.
Es ist nicht zu entschuldigen, daß Marx und Engels über die katastrophalen Zustände schweigen, ja den „Fortschritt" und den „hohen Organisationsgrad der kapitalistischen Industrie" loben.

Es fordert geradezu dazu heraus, uns die Frage zu stellen: Wie könnte Marx vor dieser Entwicklung die Augen verschließen?
Es ist ganz offensichtlich, daß die Euphorie des vermeintlichen Fortschritts dem Klassiker die Augen vor der Realität verschlossen hat.
Nur beiläufig kritisierte Marx rücksichtslose Behandlung von natürlichen Ressourcen. Indes bejahte er insgesamt – ausgesprochen oder stillschweigend – das ausbeuterische Verhältnis zur Natur. Die zustimmende Haltung von Marx zur Ausplünderung der natürlichen Potentiale führte dazu, daß im Realsozialismus ein ausbeuterisches Verhältnis zur Natur praktiziert wurde, das sich wenig von dem kapitalistischer Staaten unterscheidet.
Nicht weniger schonungslos geht der Kapitalismus mit den Reserven heute um. Allen Warnungen zum trotz setzt der Imperialismus seine Politik der verbrannten Erde weiterhin fort.
Gegenwärtig ist die Mahnung dringender denn je:
Die Ausplünderung der Natur und die Zerstörung der Umwelt sind Selbstvernichtung. Darum der Natur ihr gemäße Handlungen entgegenbringen!

Einunddreißigstes Kapitel

Die Frauenfrage
Blinder Fleck der Marxschen Analyse

Inhaltsübersicht

Es fehlt bei Marx die Hälfte des Himmels

Marx beschreibt ausschließlich eine Männergesellschaft. Im gesamten Marxschen Werk kommt die Frau so gut wie nicht vor. Sie wird in den „Reproduktionsbereich" verdrängt und taucht nicht wieder auf. Im Kreißsaal des Kapitals sorgt sie für den Nachwuchs an Arbeitskräften.
Marx reduziert die Frau auf eine Gebärmaschine und Dienstleistungen für den arbeitenden Mann. Sie habe für die Aufzucht des Nachschubs zur Regenerierung des Arbeiterheers zu sorgen.

Die Hälfte der Gesellschaft wurde nicht nur von den Entscheidungsprozessen ausgeschlossen, sondern auch aus dem Blickfeld des „Revolutionstheoretikers". Dafür kann es wirklich keine Entschuldigung geben. Ein Teil, die Minderheit der Frauen, hat unter dem Niveau des damals bestehenden allgemeinen Status der Werktätigen arbeiten müssen. Der andere Teil, die Frauen-Mehrheit, hat für die Reproduktion der arbeitenden Männer und für den Nachwuchs des Proletariats unbezahlt sorgen müssen.

Frauenfeindliche Arbeitsbedingungen
Die Arbeitsbedingungen für Frauen nahmen keine Rücksicht auf die weibliche Physiologie. Mutterschutz fehlte. Überhaupt waren die Arbeitsbedingungen frauenfeindlich.
Diese komplexen Phänomene hätten vieles bewegen können, wären sie analysiert und theoretisch kritisch aufgegriffen worden.

Die Analyse der Gesellschaft ist entweder eine Auseinandersetzung mit der Frauenfrage oder sie ist keine:
Selbst wenn wir einräumen, Marx spezialisierte sich auf politische Ökonomie, hätte die Frauenfrage – dann wohl unter kapitalistischen Produktionsbedingungen – nicht wegfallen dürfen. Diese Theorielücke ist nicht zu verzeihen.
Marxisten verteidigen den Klassiker mit dem Argument, Marx konstatiere nur! Selbst wenn es so wäre, würde er lange nicht gerechtfertigt. Marx stellt eine Makrotheorie auf. Wenn darin die Frau fehlt, fällt überhaupt die gesamte Theorie.

Nachprüfung der Marxschen Lohntheorie an der Lohndiskriminierung von Frauen
Die Marxsche Lohntheorie sagt aus, daß der Arbeitslohn je nach Konjunkturlage, Bedarf und Angebot an Arbeitskräften zwischen einem Maximum, über das der Lohn nicht weiter steige, und einem Minimum, unter das der Lohn nicht weiter sinke, pendele.
Gerade die Frauenarbeit widerlegt diese Annahme. Hätte Marx sich der Frauenfrage angenommen, bekäme er eine Chance, seine politisch-ökonomischen Arbeiten zu revidieren.
Der Arbeitslohn für Frauen pendelt zwischen Null und einem arbeitsmarktbedingten Lohn

Zur Auslassung der Frauenfrage bei Marx stellt der Universalismus eine Antithese
Entscheidend ist die Tatsache, daß Menschen, die gezwungen sind, einen bestimmten Status einzunehmen, sich keineswegs damit abfinden und sich selber auf die erzwungene Lage nicht reduzieren. Sie stellen selber Ansprüche. Dafür treten sie ein und – je nach Kräfteverhältnis und Durchsetzungsbedingungen – realisieren sie Ideen und Hoffnungen.

Auch im Kapitalismus setzen sich Frauen durch. Sie erziehen Kinder und Männer in der Weise, die dem Weltbild und der Zukunftsvision der Frauen entsprechen. Unter anderem auf diese Weise treiben sie die Geschichte voran. Frauen sind nicht geschichtslos – auch dann nicht, wenn sie bei Marx als solche erscheinen.

Marx publizierte unter dem Titel „Kritik der politischen Ökonomie“. Der Titel ist nicht gerechtfertigt. Ebensowenig entschuldbar sind diejenigen, welche Marx edieren, kommentieren und mit Laudationes nicht sparen, aber keine Zeile der Kritik an der Marxschen Kritik verlieren.

Teil 8 – Eurozentrismus

Zweiunddreißigstes Kapitel

Eurozentrismus

Inhaltsübersicht

1. Zum Begriff „Eurozentrismus“
2. Was ist Eurozentrismus?
3. Marginalisierung der außereuropäischen Welt
4. Das eurozentristische Weltbild bei Marx und Engels
5. Marginalisierung der außereuropäischen Welt und Eurozentrismus bei Marx
6. Gespaltener Diskurs
7. Eurozentrismus in der Wissenschaft

Im Zusammenhang der Frage, welche Ebenen der Kritik wir anwenden sollen, möchte ich noch den Punkt Eurozentrismus anführen und daraus abgeleitet die Eurozentrismuskritik. Was ist damit gemeint?

Zum Begriff „Eurozentrismus“

Der Begriff „Eurozentrismus“ ist relativ jung. Er bezeichnet die Sichtweise europäischer Autoren, welche ihre auf Europa bezogenen Betrachtungen verallgemeinern und für universell halten. Salopp formuliert, den Teller vor ihrem Gesicht halten sie für die Welt.
Wir haben in der Gegenwart den Begriff Eurozentrismus und die Eurozentrismuskritik sehr vielschichtig entwickelt, so daß sich heute kaum ein bürgerlicher Wissenschaftler gegen die Eurozentrismuskritik wehren kann. Natürlich akzeptiert er sie nur stark reduziert, sozusagen konzessionsweise.

Was ist Eurozentrismus?

Der Eurozentrismus ist nach Form und Inhalt neu. Noch bis in das neunzehnte Jahrhundert erkannten die Europäer die Überlegenheit des Südens gegenüber dem Norden und daß sie ihm Kultur, Wissenschaft und Zivilisation schulden.

Erst der Kolonialismus prägte das eurozentristische Weltbild: Europa sei der Vorreiter, die Welt hinke hinterher. Gegenwart und Zukunft der Welt werden von Europa vorgeschrieben und bestimmt.

Marginalisierung der übrigen Welt

Seitdem ist es zur Denkgewohnheit europäischer Autoren geworden, die Welt außerhalb Europas und der USA geringschätzig zu betrachten und sich selber in eine Position der Überlegenheit zu versetzen. Das Indien-, China-, Araber- oder Afrikabild wird von Europäern vulgär reduziert. Europäische Klassiker übernehmen oder prägen selber das vulgäre Weltbild.

Das eurozentristische Weltbild bei Marx und Engels

Marx und Engels übernehmen das von Kant begonnene und von Hegel ausgebaute Schema der Aufspaltung der Welt in die „europäische Zivilisation“ und den „Orient“ als deren Gegenentwurf. Sie vertiefen und verfestigen diese dichotome Denkweise.
Marx hat das eurozentristische Weltbild voll internalisiert, das heißt, er reproduziert es unreflektiert und ohne es zu hinterfragen, geschweige denn es zu kritisieren.

Marginalisierung der außereuropäischen Welt und Eurozentrismus bei Marx

Marx, Engels und Lenin sahen Europa als Vorreiter der globalen Zivilisation. Nicht Europa sei Folge der internationalen Entwicklung, sondern die Welt und die Geschichte seien Produkt der europäischen Entwicklung.
Selbst Europa erscheint bei Marx sehr reduziert. Er stellte Deutschland, später England, hier wiederum die Industriezentren, in den Mittelpunkt seiner Betrachtung.
Die Peripherie wird bei Marx zum Zentrum, das Zentrum zur Peripherie verkehrt. Neun Zehntel des Globus wird marginalisiert, während die parasitären Randbezirke zum vermeintlichen Schauplatz der Weltgeschichte erhoben werden.

Die imperialistische Funktion des Eurozentrismus: Diese Art billiger imperialistischer Propaganda müßte von jedem halbwegs kritischen Menschen durchschaut und verworfen werden. Marx tappte voll in den Europamythos. Er hat dies in der Tat nicht nur vertreten, sondern auch dem europäischen Imperialismus den Anschein verliehen, „revolutionär" zu sein. Irgendwann, wenn Afrika soweit ist, wird es von Europa ökonomisch und politisch entwickelt und in die Nähe der Revolution, des Sozialismus und Kommunismus gebracht. In diesem Denken wird Europa als die Zukunft Afrikas und Asiens präsentiert. Damit lieferte Marx Afrika, Asien und Amerika dem Kolonialismus und Imperialismus aus.
Der politische Autor – vom revolutionären Anspruch nun einmal abgesehen – zeichnet sich dadurch aus, daß er sich des Gegenwartsbezugs seiner Geschichtsaufarbeitung bewußt ist.
Man neigt dazu, die Rolle Marx und Engels als ideologischer Wegbereiter der Expansion von Kolonialismus und Imperialismus zu unterschätzen oder zu ignorieren.

Engels greift viel weiter zurück als Marx. Er bezeichnet die frühen Aggressionen und Expansionszüge der Germanen als „Militärdemokratie".
An die Aufarbeitung deutscher Geschichte legt Engels ganz andere Maßstäbe als bei anderen, besonders außereuropäischen Völkern an. In das Reinigungswasser einer unkritischen Phantasie taucht Engels die Geschichte der Germanen ein, um sie als „Militärdemokratie" aus dem Taufbecken zu heben. Damit werden Raubüberfälle, Plünderung und Mordzüge umschrieben, während derselbe Autor keineswegs so zart mit anderen Völkern umgeht, die er leichtfertig unter Begriffen der „Wildheit" und „Barbarei" subsumiert. Der unerträgliche Ethnozentrismus Engels' und Marx' verträgt sich mit keinem Internationalismus, egal welchen Grades. Die Ausdrucksweise „Militärdemokratie" ist eine Euphemie, welche die Funktion des deutschen Militarismus verschleiern soll. Zwar bezog sich der Ausdruck „Militärdemokratie" auf das Entstehungsstadium deutscher Expansion, dennoch hat der Begriff einen Gegenwartsbezug.
Zu Lebzeiten von Marx und Engels und seit den frühen Anfängen ihres Wirkens bis zu ihrem Tod hat Deutschland die Mobilmachung zu Aggressionskriegen mit höchster Intensität betrieben, ohne daß diese angemessen ihren Niederschlag in den Werken von Marx und Engels – die beruflich als Journalisten tätig waren – gefunden hätten.

Gespaltener Diskurs

Symptomatisch für den Eurozentrismus ist die Beobachtung, daß zwei identische Phänomene unterschiedlich benannt werden, wenn das eine von den beiden europäisch, das andere außereuropäisch ist.

Marx und Engels verwenden zwei sehr unterschiedliche Sprachen, je nachdem, ob sie von Europa oder von der übrigen Welt reden. So stellen sie Europa als Gegenkonzept zum Rest der Menschheit dar. Hier die Zivilisation, dort die Barbarei. Marx nennt die europäischen Staaten „europäische Mächte", die Staaten des Südens hingegen „Patriarchate". Das, obwohl Marx selber im christlichen Abendland unter dem Supremat des Papstes, dem Inbegriff des Patriarchalismus, lebte. Marx und Engels behalten den gespaltenen Diskurs bei, auch wenn sie vom Widerstand reden. Die Begriffe „Revolution", „Aufstand" und sinnverwandte Begriffe bleiben Europa vorbehalten, hingegen bezeichnet Engels den syrischen Aufstand als „Unruhen in Syrien".

Marx und Engels gehen nicht davon aus, daß Menschen gleich Menschen sind. Sie gehen nicht vom Prinzip der Gleichstellung aller Völker, Kulturen und Staaten aus.

Marx und Engels orientieren sich nahezu ausschließlich an der europäischen Geschichte, betrachten sie aber, als wäre sie die globale Geschichte. Europa wird mit der Welt gleichgesetzt, Aber selbst Europa ist in ihrem Konzept auf einige wenige Industriezentren beschränkt. Eine, zwei oder drei Städte – Athen, Rom, Manchester – werden in ihrer Makrotheorie als universeller Wegweiser betrachtet.

In all seinen Schriften behandelt Marx Europa, als sei es der Schrittmacher für den Globus in seiner Gesamtheit, also auch in bezug auf die „Weltrevolution".

Der Eurozentrismus marxscher Prägung wird deutlich reaktionär gesteigert, indem er die Weltrevolution an die Entwicklung in Europa bindet.

Alle vier Klassiker des Marxismus – Marx, Engels, Lenin und Stalin – sehen den Imperialismus, das heißt, die spezifisch europäischen Aggressionen gegen die Völker der Welt, als Fortschritt, denn er mündet automatisch in den Sozialismus. Marx wurde damit zum Begründer des Eurozentrismus der Weltrevolution. Das reaktionärste Zentrum des Globus wird durch ihn zum Vorreiter der Befreiung und der Selbstverwirklichung. Es ist in der Tat unerhört, daß der Hauptsitz von Militarismus, Gewalt, Unterdrückung und Ausbeutung von Marx zum Leuchtturm für die Menschheit rehabilitiert wird. Er und seine Nachfolger sehen in der Unterwerfung durch den Imperialismus keinen Nachteil, sondern ein notwendiges Stadium, das als das Tor zum Sozialismus und Kommunismus reingewaschen wird. Darum bejahen sie die imperialistische Weltherrschaft und tadeln den antiimperialistischen Widerstand.

Eurozentrismus in der Wissenschaft

Der Eurozentrismus behandelt die Geschichte der Wissenschaften, als wären sie genuin europäisch. Real hat die europäische Wissenschaft eine außereuropäische Vorgeschichte. Hierbei spielen die arabischen Wissenschaften für die Entstehung der europäischen Renaissance die entscheidende Rolle.

Marx und Engels, welche mit großem Anspruch der Wissenschaftsrevision (Engels, *Anti-Dühring*) und des Internationalismus angetreten sind, zeigen in ihren Schriften den Prototyp des Eurozentrismus in der Wissenschaft, wie er sich von anderen nicht wesentlich unterscheidet. Bei beiden wird Europa als die Mutter der Wissenschaften stilisiert. Marx und Engels haben selbst arabische Literatur in Übersetzungen benutzt (u.a. Ibn-Ḫaldūn). Keiner von den beiden nennt auch nur einmal eine arabische Quelle. Eine zeitlang besuchte Marx täglich das Britische Museum, weil sich dort die größte Sammlung arabischer Quellen befand.

Der Marxsche Rassismus

Marx erkannte das Prinzip „Gleichheit aller Menschen“ nicht an.
Er vertritt eine der extremsten Varianten vom Rassismus. Aber auch in bezug auf die soziale Schichtung und Klassenzugehörigkeit bindet Marx den Menschen an die Gruppe, in die er hineingeboren ist, in der er sterben wird und in der er auf ewig verbleiben muß.
Bei genauerer Analyse des Marxschen Werkes treten die Einzelheiten zum Vorschein. Marx hat die Menschen in ihrer Segregation gesehen und sie dazu verurteilt, ihren angeborenen Status auf Dauer zu behalten. Wie ein Naturgesetz gehört der Mensch der Schicht an, die ihm auf die Stirn geschrieben ist. Ebensowenig wie der eigenen Haut kann er seiner angeborenen Bindung entfliehen. Nach Marx sind die Menschen nach Geschlecht, Klasse und Rasse gespalten. Zwischen „Rassen“, „Klassen“ und „Geschlechtern“ bestehen Unterschiede, die wie Tag und Nacht zur Weltordnung gehören.

Marx verweist die Menschen hinter ihre sozialen Schranken als Rassen, Klassen und Geschlechter.

1. Klassen
Die Klassenspaltung ist zum Aufbau des Kapitalismus ebenso notwendig wie Luft und Wasser für Lebewesen. Sie ist ebenso unausweichlich wie die Naturgesetze für das ökologische System des Kosmos. Sehr wohl lebte Marx, wie wir heute, in einer Klassengesellschaft. Doch für ihn waren die Klassen an historische Unterschiede gebunden, die Marx ebenso wie Naturgesetze interpretierte. Diese Differenzierung wird nicht als eine willkürliche, veränderbare Arbeitsteilung, sondern als historischer Determinismus gesehen. Für die Arbeiter gebraucht Marx z.B. einen eigenen Wortschatz, den er nicht in Verbindung mit der Bourgeoisie benutzt. Beispiel:

„Der Arbeiter erheischt eine ganz bestimmte Menge Lebensmittel.“

Die fachsprachliche Bezeichnung für Arbeiter lautet bei Marx *„variables Kapital“*, definitionsgemäß abgekürzt: Cv, in der Subklassifikation:

$$\mathbf{V, v_0, v_1, v_2}$$

Darin hat Marx selbst die übelsten Kapitalisten übertroffen, die immerhin vom „humanen Kapital“ sprechen. Arbeiter interessierten ihn nur als Kostenfaktor. Das ist – ohne Marx Unrecht tun zu wollen – tatsächlich der Aspekt, der ihn beschäftigte und den er als Parameter in seine Hauptgleichung einbaute wie folgt

C + V + M

Steigt **v**, sinkt **m**, und umgekehrt. Mehr Lohn bedeutet weniger Profit. Weniger Arbeitszeit gleich weniger Mehrwert, gleich weniger Profit, gleich weniger Akkumulation. „Gleicher Lohn“ zu fordern ist für Marx, so wörtlich „töricht“. Freilich gibt es den gerechten Lohn nicht. Niemand, der diese Forderung erhoben hat, hat sie mit sozialer Gerechtigkeit gleichgesetzt. Wie jede Forderung hat die Parole „gerechter Lohn“ einen Orientierungswert und eine mehr agitatorische Funktion.
Die Forderungen nach Besitzstandwahrung, Deckung der Lebenshaltungskosten, Verhinderung des Reallohnabbaus, Inflationsausgleich und die übrigen legitimen Forderungen der Werktätigen hat Marx kategorisch abgelehnt. Nirgends in seinem gesamten Werk tritt er dafür ein, geschweige denn für Altersversorgung, Witwen- und Waisenrente, Lohnfortzahlung bei Krankheit usw.
Diese Alltagssorgen von Menschen der unteren und untersten Einkommensgruppen störten Marx nicht. Sein Ziel war die volle Entfaltung des Kapitalismus.
Seit dem Erscheinen des ersten Bandes des Marxschen Kapitals bis heute sehen die Kapitalisten in ihm das wichtigste Argument für ihre Forderungen nach Kostenminimierung und damit indirekt nach Profitmaximierung.

2. Geschlechter

Mann und Frau sind nicht nur biologisch, sondern auch historisch unterschiedliche Wesen. Marx verweist die arbeitenden Männer in die Produktion, die Frauen in die Reproduktion. Sie sollen sich um das Leben der Arbeiter und ihre Versorgung kümmern und für den Nachwuchs sorgen. Nirgends greift Marx die Frauenfrage und die Spaltung nach Geschlechtern auf. In seiner Theorie haben Forderungen nach Gleichstellung und Antidiskriminierung keinen Platz. Wenn Marx von Arbeitern spricht, dann sind es die männlichen.

3. Rassen

Mit seinem vorbehaltlosen Gebrauch des Ausdrucks „Rassen“ unterstellt Marx, daß die Menschheit in Rassen aufgeteilt ist und rassistisch gespalten sein muß. Damit hat er sich unter die Rassisten gereiht.

Die Menschheit ist sehr wohl gespalten: In die beiden Geschlechter, in Klassen, soziale Schichten, Kulturen, Sprachen, Völker und Hautfarben. Es ist unzulässig, diese vom Imperialismus geschaffenen Spaltungen als gegeben hinzunehmen und damit einen Stillstand des Untragbaren gelten zu lassen. Es ist unzulässig, die Akzeptanz damit zu entschuldigen, Marx konstatiere nur die Verhältnisse.

Es muß herausgestellt und hervorgehoben werden, wie diese Spaltungen entstanden sind, wer sie inszeniert, welche Funktion sie haben und wie sie überwunden werden.

Im Mittelpunkt steht vor allem die Frage, wie der Imperialismus bestehende oder vermeintliche Unterschiede unter den Menschen aufgreift, ideologisiert und für seine Zwecke funktionalisiert, wie er sie in der Erziehung programmiert, öffentlich darstellt, politisch einsetzt und nutzt.

Aus dieser Erkenntnis ergeben sich Konsequenzen. Somit ist der Auftrag eines politischen Autors mit revolutionärem Anspruch vorgegeben:

Die künstlichen Spaltungen offensiv und demonstrativ als vorrangigste Aufgabe zu bekämpfen. Genau das tut Marx nicht. Er hat sich auf die Gegenseite gestellt. Denn Schweigen ist Komplizenschaft. Damit nicht genug. Marx hat das reaktionäre Menschenbild des Imperialismus übernommen und vertreten. Am reaktionärsten vertrat Marx das imperialistisch-rassistische Menschenbild. Er versteigt sich in seiner Irrfahrt bis zum Exzeß bei seiner Einstellung zur Sklaverei, die zu seiner Zeit in den USA aktuell oder gar brennend war. Über die Haltung Marx’ zum Rassismus braucht keiner zu rätseln, da er dem Sklavenaufstand in den USA eine Serie von Presseartikeln widmete.

Für Marx ist es selbstverständlich, daß die Menschen einerseits nach Rassen-, Klassen- und Geschlechtsschranken getrennt sind, andererseits geraten die einen mehr als die anderen in die Nähe eines außermenschlichen Status. Bei Marx werden die Menschen nicht nur einmal, also in zwei Kategorien, gespalten. Sie werden weiter auseinander dividiert, unterteilt und differenziert. Nach den Maschinen stehen nach Marx die Sklaven. Diese wiederum werden weiter eingestuft. Frauen gehören in die Reproduktion, Männer in die Produktion. Es ergibt sich eine Skala, die dem faschistischen Menschenbild in nichts nachsteht.

Zu Lebzeiten Karl Marx' erreichte der Widerstand der Schwarzen in den USA einen erneuten Höhepunkt. Marx verfolgte diesen Widerstand und widmete ihm einige Zeitungsartikel im Rahmen seiner journalistischen Tätigkeit. Aus diesen Artikeln ist seine Position zum Befreiungskampf der Schwarzen deutlich zu erkennen. Er hielt sich zurück in bezug auf die Forderungen nach Gleichstellung und Gerechtigkeit. Solidarität oder Aufruf zur Solidarität mit dem emanzipatorischen Kampf der Schwarzen kommen bei ihm nicht vor. Marx empfand keine Bedenken gegen die Versklavung des Menschen durch den Menschen. Der Status quo in den USA mit seiner rassistischen und Klassenspaltung wurde von Marx gebilligt. Er war ganz klar parteilich – auf der Seite der weißen Rassisten.
Marx stellt die rassistische Klassenallianz der Weißen über die Klassenallianz verschiedener Hautfarben.
Gefährlicher als der offene Rassismus bei Marx ist sein latenter. Die am meisten Ausgebeuteten seiner Zeitgenossen, die schwarzen Sklaven, sind in seiner Klassenanalyse nicht vorgesehen. Sie gehören nicht einmal zu seinem Gesellschaftsbild. Marx hat die Sklavenjagd und den Menschenhandel mit Schwarzen nicht nur toleriert, sondern sich auch gegen jene gestellt, welche sie bekämpften.
Versklavung war für Marx ein naturgemäßer Bestandteil des kapitalistischen Produktionsprozesses.

Dreiunddreißigstes Kapitel

Marxsche Anthropologie (3)
Einfluß des Ökonomismus von Marx auf sein Menschenbild

Inhaltsübersicht

0. Einleitung – Das Menschenbild bei Marx
1. Der Mensch – Die Ware Arbeitskraft
2. Die Materie Mensch
3. Die Maschine Mensch
4. Subjektloser Mensch
5. Es gibt nicht den Menschen, sondern die Gesellschaft
6. Der Mensch – Eine statistische Zahl im System
7. Individuum und System
8. Klasse und Individuum
9. Der Mensch und seine Klasse
   Einzelner Mensch und seine soziale Schichtung.
   Verschwindet das Individuum im Kollektiv?
10. Pathologien
11. Der Mensch verschwindet in der Masse
12. Menschliches Verhalten
13. Entfremdung
14. Wo bleibt der eigendliche Mensch bei Marx?

In den folgenden Ausführungen wollen wir den Menschen in den Mittelpunkt der Betrachtung stellen. Wir analysieren das Marxsche Werk nach anthropologischen Kardinalpunkten.

Einleitung – Das Menschenbild bei Marx

Marx beschreibt einen extrem reduzierten Menschen.

Es trifft zu, daß der Mensch im Kapitalismus ausgebeutet, zermürbt und zerstört werden kann. Deshalb aber verliert der Mensch seine Menschlichkeit und sein humanes Wesen nicht. Er hofft immer auf die Wiederherstellung seiner wahren Menschlichkeit. Darum ist er widerstandsbereit.

Die Marxsche Anthropologie ist durch die folgenden Grundthesen im Wesentlichen charakterisiert:

Kernthese des Marxschen Menschenbildes ist die Vorstellung, daß der Mensch in der Klassengesellschaft gemäß seiner Klassenlage ein Produzent ist. Er produziert aber nicht Geschichte, sondern Waren. Die warenproduzierende Gesellschaft stellt ihrerseits rückwirkend Menschen her. Sie formiert den Menschen so, wie sie ihn braucht. Wie auf einer Tonscheibe ist der Mensch auf die Bedürfnisse der Produktion zurechtgemacht.

In der Klassengesellschaft wird der Mensch nicht weiter – und nicht mehr als notwendig – entwickelt.

Marx verabsolutierte die Ökonomie solchermaßen, daß er den Menschen nur noch als ein Aspekt der Warenproduktion begreift. Die Marxsche Anthropologie ist insgesamt eine Projizierung seines ökonomistischen Weltbildes auf den Menschen.

Der Mensch – Die Ware Arbeitskraft

Marx nennt den Lohnarbeiter „Ware Arbeitskraft“.

Erst nach Beginn der Funktion, nicht von der Geburt her, wird – nach Marx – jemand zu einer „Ware“ gezählt. Bis dahin befindet sich die Ware Arbeitskraft in der Produktion.[38]

Einen Schlüsselbeitrag zum Verständnis des Menschenbildes bei Marx wollen wir im Wortlaut zitieren. Der theoretisch ausgereifte Marx schreibt kurz vor dem Erscheinen des Kapitals, aber mit dem Inhalt des Kapitals voll identisch, folgendermaßen:

> *„Die Arbeitskraft eines Menschen existiert nur in seiner lebendigen Leiblichkeit. Eine gewisse Menge Lebensmittel muß ein Mensch konsumieren, um aufzuwachsen und sich am Leben zu erhalten. Der Mensch unterliegt jedoch, wie die Maschine, der Abnutzung und muß durch einen anderen Menschen ersetzt werden. Außer den zu seiner*

[38] MEW, 16, 131.

eignen Erhaltung erheischten Lebensmitteln bedarf er einer anderen Lebensmittelmenge, um eine gewisse Zahl Kinder aufzuziehen, die ihn auf dem Arbeitsmarkt zu ersetzen und das Geschlecht der Arbeiter zu verewigen haben. Mehr noch, um seine Arbeitskraft zu entwickeln und ein gegebenes Geschick zu erwerben, muß eine weitere Menge von Werten verausgabt werden. Für unseren Zweck genügt es, nur Durchschnittsarbeit in Betracht zu ziehen, deren Erziehungs- und Ausbildungskosten verschwindend geringe Größen sind. Dennoch muß ich diese Gelegenheit zu der Feststellung benutzen, daß, genauso wie die Produktionskosten für Arbeitskräfte verschiedner Qualität nun einmal verschieden sind, auch die Werte der in verschiednen Geschäftszweigen beschäftigten Arbeitskräfte verschieden sein müssen. Der Ruf nach Gleichheit der Löhne beruht daher auf einem Irrtum, ist ein unerfüllbarer törichter Wunsch. Er ist die Frucht jenes falschen und platten Radikalismus, der die Voraussetzungen annimmt, die Schlußfolgerungen aber umgehen möchte. Auf Basis des Lohnsystems wird der Wert der Arbeitskraft in derselben Weise festgesetzt wie der jeder anderen Ware; und da verschiedne Arten Arbeitskraft verschiedne Werte haben oder verschiedne Arbeitsquanta zu ihrer Produktion erheischen, so müssen sie auf dem Arbeitsmarkt verschiedne Preise erzielen. Nach gleicher oder gar gerechter Entlohnung auf Basis des Lohnsystems rufen ist dasselbe, wie auf Basis des Systems der Sklaverei nach Freiheit zu rufen.“[39]

Die These *„der Mensch als wichtigste Produktivkraft“* herausgearbeitet zu haben, bleibt allemal die spezifische Leistung von Karl Marx.

Die Materie Mensch

Formulierungen wie „Menschen und Maschinen“ (v + c) sind bei Marx keine Ausfälle. Vielmehr bilden sie die Bausteine seines Begriffsinstrumentariums, das sein theoretisches System wiedergibt. In diesem Begriffsinstrumentarium werden „Menschen“ und „Maschinen“ als die beiden Komponente der Produktivkräfte zusammengefaßt. Der Ausdruck „Mensch und Maschine“ wird nur noch von „Arbeiter und Maschinen“ statistisch übertroffen.

Eine Maschine unterscheide sich vom Arbeiter dadurch, daß sie keinen Mehrwert produziere. Das wiederum, weil sie keinen Lohn empfängt und nicht konsumiert.

---

[39] Karl Marx, 1865, MEW 16, 131 f.

Die Maschine Mensch
Marx hat den arbeitenden Menschen soweit voll in die Produktionsstruktur eingegliedert, daß er nur noch auf eine biologische Maschine reduziert wird. Der Marxsche voll mechanisierte Mensch wird in seiner Menschlichkeit weiter beschnitten, daß nur noch ein „Zubehör der Maschine“ übrig bleibt. Marx sagt: Der Kapitalismus habe den Menschen dahin gebracht, nichts als ein Schräubchen oder Rädchen in der gewaltigen Produktionsmaschine zu sein.

Subjektloser Mensch
Marx entsubjektiviert, und zwar ungleichmäßig. In der Klassengesellschaft existiert nicht der Mensch im allgemeinen, sondern nur der Antagonist. Doch Träger des politischen Bewußtseins und des ideologischen Überbaus in der kapitalistischen Gesellschaft ist die Bourgeoisie. Philosophie, Wissenschaft und Kunst sind bürgerliche Kulturprodukte. Das Proletariat in der bürgerlichen Gesellschaft ist nach Marx „Klasse an sich“, „Der Arbeiter selbst (ist) eine Ware“.[40]

Nach Marx: Es gibt nicht den Menschen, sondern die Gesellschaft

> *„Der Mensch ist im wörtlichsten Sinn ein zoon politikon (geselliges Tier; gesellschaftliches Wesen, K.K.), nicht nur ein geselliges Tier, sondern ein Tier, das nur in der Gesellschaft sich vereinzeln kann.“*[41]

Der Mensch – Eine statistische Zahl im System
Für Marx ist der einzelne Mensch eine anonyme Zahl der Klasse:

> *„Die Produktion des vereinzelten Einzelnen außerhalb der Gesellschaft – eine Rarität, die einem durch Zufall in die Wildnis verschlagnen Zivilisierten wohl vorkommen kann, der in sich dynamisch schon die Gesellschaftskräfte besitzt – ist ein ebensolches Unding als Sprachentwicklung ohne zusammen lebende und zusammen sprechende Individuen.“*[42]

---

[40] Karl Marx, Ökonomisch-philosophische Manuskripte (1844), S. 103.
[41] Karl Marx, Einleitung zur Kritik der Politischen Ökonomie (1857-1858), in: MEW 13, 616.
[42] Karl Marx, Einleitung zur Kritik der Politischen Ökonomie (1857-1858), in: MEW 13, 616 f.

Die Kritik an diesem Statement von Marx, das er wohl vorsichtig formuliert, gilt relativ, nicht absolut. Die von ihm angeführten Beispiele täuschen, denn im Ergebnis will Marx die Individuität völlig negieren.
Nach Marx ist der Mensch nur eine anonyme Figur im System. Bei ihm verschwinden die Subjektivität und Individualität des Menschen. Das Individuum nach Marx ist nur das Einzelexemplar der Masse. Der arbeitende Mensch ist eine Kopie des ideellen Gesamtarbeiters.

Dazu meinen wir: Marx verkennt die Tatsache, daß jeder Mensch die Wirklichkeit als Einzelner wahrnimmt und sie auf seine individuelle Art realisiert. Die Sozialisation stellt einen individuumspezifischen Vorgang dar. Jeder existiert nicht nur als Klasse, sondern auch als Einzelsubjekt. Die Auseinandersetzung mit der Umwelt und der Gesellschaft führt der Mensch nicht nur im Rahmen des Kollektivs, sondern auch als individuelle Größe. Insgesamt bewährt sich die Integrität des Menschen als Einzelperson und nicht nur als Gruppe.
Erfahrungen, Erlebnisverarbeitung, Reflexionen und Erkenntnisse sind zwar übergreifende Prozesse, werden jedoch individuell wahrgenommen und angeeignet. Akzeptanz und Korrekturen von Bewußtseinsinhalten, Rezeption und Opposition führen zur individuellen Ausdifferenzierung der Menschen bis zu sehr erheblichen Graden. Spezifisch menschliches Lernen erfolgt als ein individueller, selbstbestimmter Aneignungsprozeß. Darum müssen Pädagoginnen und Pädagogen auf die innere Differenzierung im Unterricht und Didaktik achten.
Im Bewußtsein prägen sich *Identität* und *Subjektivität* zunächst als individuelle Vorgänge ein. Diese bilden die Voraussetzungen zur selbstgewählten Klassenidentität. Diese können positiv als auch negativ – bis hin zum Klassenverrat – ablaufen.
Die *bewußte* Gemeinschaft wird aus den einzelnen *bewußten* Persönlichkeiten gestellt. Diese bilden das selbstgewählte Profil der Gemeinschaft.

Individuum und System
Marx geht prinzipiell von der Grundthese aus, daß die Produzenten keine Alternative haben, als die Rolle zu spielen, die ihnen durch die Produktionsverhältnisse vorgeschrieben ist.
Marx kategorisiert seine Epoche als „Kapitalismus“. Das ist ein fundamentaler Irrtum. Es handelt sich um „Imperialismus“, nicht Kapitalismus. Mit Ausnahme der imperialistischen Oligarchie sind die Menschen – aktiv oder passiv – antiimperialistisch.

Davon einmal abgesehen, können wir nicht zustimmen, daß die Produzenten sich dem System tatenlos ergeben. Die Mehrheit der Weltbevölkerung entwickelt Alternativen und schafft reale Utopien.
Auch in den imperialistischen Staaten ergeben sich die Menschen dem System nicht tatenlos.

Klasse und Individuum
Grundsätzlich für das Marxsche Menschenbild ist die Erkenntnis, daß er nicht den Menschen, sondern den klassenspezifischen Menschen sieht. Die Individuität geht bei ihm vollständig verloren.
Dieses Prinzip ist für die Tatsache verantwortlich, warum die Individualpsychologie im Realsozialismus viel weiter im Rückstand lag als im Westen.
Unsere Kritik ist keine Umkehrung, sondern Vervollständigung der Marxschen These. Es will heißen, die Wiederherstellung der Dialektik von Individuum und Kollektiv. Selbstverständlich ist der Mensch in der Klassengesellschaft nie klassen-un-abhängig. In der gespaltenen Gesellschaft ist der Mensch den Bedingungen seiner Klasse unterworfen.
Gleichwohl eignet sich der Einzelne die Realität auf eine spezifisch individuelle Weise an. Er wird geprägt durch individuelle Erfahrungen und spezielle Erlebnisse, die ihn von der frühen Kindheit bis zum Greisenalter begleiten. Diese und andere Faktoren führen zur besonderen Entwicklung der Persönlichkeit, die stets, durch eigene individuelle Züge geprägt ist. Der Klassenmensch A und der Klassenmensch B sind nie eins zu eins identisch.

Der Mensch und seine Klasse
Einzelner Mensch und seine soziale Schichtung
Das Individuum verschwindet im Kollektiv
Problemstellung: Wie verhalten sich der einzelne Mensch und seine klassenspezifische Zuordnung zueinander?
Geht das Individuum im Kollektiv verloren?

Problemlösung: Notwendigkeit der dialektischen Beziehung von „Individuum“ und „Klasse“.

Kritik und Korrektur: Unsere Kritik richtet sich gegen die Einseitigkeit von Marx. Er fixiert den Menschen undialektisch an den Klassenschran-

ken. Noch mehr: Marx übersieht die Individuität des Menschen, die durch die Klassenzugehörigkeit nicht verschwindet.
In seinem Kommentar über Feuerbach kritisiert Marx, daß der Ausdruck „Mensch“ ein Gattungsbegriff ist (in der „Sechsten These“). Die hier ausgesprochene Kritik an Feuerbach ist zwar berechtigt, aber die Konsequenzen, die Marx aus seiner Kritik am Feuerbachschen Gattungsbegriff zieht, sind nicht zufriedenstellend. Der spätere Marx ersetzt den Gattungsausdruck durch den „Klassenbegriff“ und verfehlt die Chance, Feuerbach dialektisch zu korrigieren. Beide Autoren, Marx und Feuerbach – leugnen die Individuität. Marx greift noch weiter zurück, denn er ignoriert über die Individualität noch die Subjektivität des Menschen.

Im Umkehrschluß muß festgestellt werden, daß das Verhalten der Klasse als die Summe individueller Einstellungen zu verstehen ist. Das Kollektiv ist geprägt sowohl durch die Klassenlage als auch durch die es bildenden vielen Individuen.

Aus universalistischer Sicht meinen wir: Tatsächlich ist der Ausdruck „Gattung“ ungeeignet, den gesellschaftlich, historisch geprägten Menschen zu charakterisieren. Damit ist er für analytische Zwecke untauglich. Der Mensch muß in der Zugehörigkeit zu seiner sozialen Gruppe, in Abhängigkeit von seiner Klassenlage und seiner spezifisch historischen Situation gesehen werden.

Pathologien

Zu den blinden Flecken bei Marx zählt die Frage der Pathologien durch das System. Aus der Gesamtanalyse seines Werkes ergibt sich, daß es nur konsequent ist, wenn Marx die Frage der Pathologien im Imperialismus total ignoriert. So sehr diese Problematik für die Betroffenen brennend ist, fehlt sie bei Marx vollständig.
Auch hier besteht eine reziproke Beziehung zwischen den Pathologien des Individuums und den Pathologien des Systems. Die Pathologien des Einzelnen und die des Imperialismus sind identisch, wobei sie im einen Fall eine individuelle, im anderen eine systemische Prägung erfahren. Wir nennen hierzu die Destruktivität, Aggressivität, Sucht und Suizidalität. Diese seien exemplarisch für viele andere erwähnt. Die Pathologien des Mikroimperialismus und des Makroimperialismus verstärken sich gegenseitig. Darum kann die Therapie des Einzelnen unter den Bedingun-

gen des imperialistischen Systems bestenfalls nur symptomatisch, palliativ oder – nicht selten – auch schädlich sein.

Der Mensch verschwindet in der Masse

Der Gedanke vom vermaßten Menschen, der in dem Kollektiv, in das er hineingeboren ist, verschwindet, zieht sich unbeirrbar durch das gesamte Marxsche Werk hindurch. Marx negiert eine individuelle Existenzform. Von ihm stammt die Idee des total kollektivierten Menschen, der anonym in einer Masse aufgelöst wird. Ein Grundgedanke der Marxschen Anthropologie wird wie folgt zum Ausdruck gebracht:

> *„Je tiefer wir in der Geschichte zurückgehen, je mehr erscheint das Individuum, daher auch das produzierende Individuum, als unselbständig, einem größren Ganzen angehörig: erst noch in ganz natürlicher Weise in der Familie und in der zum Stamm erweiterten Familie; später in dem aus dem Gegensatz und der Verschmelzung der Stämme hervorgehenden Gemeinwesen in seinen verschiednen Formen."*[43]

Der Mensch als Träger personaler Identität, der die Welt eigenständig realisiert und gemäß dem ihm zur Verfügung stehenden Freiheitsgrad ein selbstbestimmtes Leben zu führen gewillt ist, wird von Marx völlig ignoriert.

Dazu konstatieren wir: Auch in traditionellen Gesellschaften verbleibt dem Einzelnen ein Freiraum des Denkens, des Handelns, der Opposition und des Widerstands. Ansonsten wäre die historische Entwicklung undenkbar gewesen. Bei jeder sozialen Gruppe ist der Mensch stets bestrebt, seine eigene Selbständigkeit zu wahren und seinen Freiheitsgrad zu erweitern.
Für Marx hingegen ist der einzelne Mensch nur noch das Vervielfältigungsexemplar aus einer Matrix, die sich zu einem Haufen, als Familie, Stamm, Schicht, Klasse, Kollektiv, Gemeinwesen oder wie auch immer, multiplizieren läßt.
Diesem starren Menschenbild bei Marx ist die Schuld dafür anzulasten, daß sich im Realsozialismus auf der Basis der Marxschen Anthropologie keine tragfähige Individualpsychologie entwickeln konnte.

[43] MEW 13, 616.

Menschliches Verhalten

Das Verhalten und Sozialverhalten des Menschen sind Funktionen seiner materiellen Lage und seiner eigenen, persönlichen Situation. Marx verabsolutiert die Herrschaft der Ökonomie über den Menschen sowohl als Gattung als auch als Individuum. (Marx schreibt in der Regel „der" Arbeiter und nicht „die" Arbeiter.)
Marx erkennt keine Willensfreiheit an. Dem Handeln geht stets eine persönliche Entscheidung voraus, die jeder für sich zu fällen hat.

Entfremdung

Entfremdung (=Alienation) ist der Zustand des Menschen in der Klassengesellschaft. Die Entfremdung entspringt dem Privateigentum an Produktionsmitteln, das den Antagonismus in der Gesellschaft bedingt. Der Antagonismus der Produktionsverhältnisse geht auf die Menschen über.
Im engeren Sinn wird die Alienation bei Marx als Konsequenz der Trennung des Menschen von den Produktionsmitteln infolge der kapitalistischen Lohnarbeit gesehen. In den vorkapitalistischen Gesellschaften – Sklaverei und Feudalismus – lebten die Produzenten in demselben Ort wie die Produktionsmittel, nämlich auf dem Agrarboden.
Die Marxsche Deutung der Alienation als Folge der Trennung der Produzenten von ihren Produktionsmitteln gehört sicher zu den Grundüberlegungen, die auch wir heute zur Ätiologie, Genese und Erklärung des Entfremdungsphänomens anstellen, reicht allein jedoch nicht aus. Weitere soziologische und psychologische Faktoren sollen die ökonomistische Entfremdungs-These von Marx ergänzen.

Wo bleibt der eigentliche Mensch bei Marx?

Marx würde diese Frage wie folgt beantworten: Die wahre Geschichte der Menschheit hat noch nicht begonnen. Sie beginne erst wenn ihre Vorgeschichte endet. Begründet tut es Marx, in dem er den Menschen als Produkt der Produktionsverhältnisse definiert. Erst wenn die antagonistischen Produktionsweisen abgelöst werden durch die klassenlose Gesellschaft, ende ihre Vorgeschichte. Ihre wahre Geschichte beginne.

Mit dieser These erweist sich Marx als höchst unhistorisch. Er liefert ein geschichtsloses Bild von der eigenen Geschichte. Seine Sichtweise ist total ahistorisch. Wenn er die bisherigen historischen Entwicklungen mit ihren Kämpfen, Leistungen und Errungenschaften als „Vorgeschichte"

bezeichnet, dann begreift er nicht, was Geschichte ist. Während Jahrmillionen ist der Mensch dabei Geschichte zu machen – bewußt und zielgerichtet. Er verzeichnet Niederlagen und Siege. Niederlagen verwandelt er in Siege. Es gibt keine Geschichte, die der Mensch nicht gemacht hat. Seit Jahrmillionen ist der Mensch dabei, Schöpfer seiner selbst zu sein.
Die Einstellung Karl Marx' verurteilt den Menschen zum geschichtslosen und subjektlosen Wesen. Marx begreift den Klassenkampf rein mechanistisch, da er „unabhängig des Willens des Menschen" geschieht. Er wird auf die Produktionsverhältnisse zurückgeführt.
Diese Einstellung leitet Marx konsequent aus seinem Materialismusverständnis her. Das geistige Leben des Menschen ist nur noch ein Überbau der Basis, nicht umgekehrt. Die Basis, die Verabsolutierung der Ökonomie, besorgt die Entwicklung und führt den prähistorischen Menschen, also die eigene Generation Marxens, zum historischen Menschen, der erst im Kommunismus in Erscheinung tritt.

Der eigentliche Mensch, seine Kreativität, Gestaltungskraft, sein schöpferisches Vermögen und die Machbarkeit von Geschichte werden von Marx ausgelöscht.
Der Marxschen These setzen wir in Kurzform entgegen:
Der Mensch ist Schöpfer seiner selbst, seiner Gesellschaft und der Geschichte.

Menschen unter dem Imperialismus

Marx diagnostiziert seine Epoche als „Kapitalismus“, nicht als „Imperialismus“. Damit liegt er ganz sicher falsch.
Den Kapitalismus betrachtet Marx als höchsten Fortschritt der bisherigen Geschichte, der nur noch vom Sozialismus übertroffen sein wird.
Marx irrt sich mehrfach. Sehr wohl bringt der Kapitalismus neuere Maschinen, welche für Marx das Argument für seine Fortschrittsgläubigkeit liefern. Die modernen Maschinen bedingen einen höheren Bildungsstand der Arbeiter. Diese Sichtweise greift zu kurz. Es trifft zu, daß Ingenieure und Facharbeiter eine Fachausbildung absolvieren müssen. Diese ist in aller Regel schmalspurig spezialisiert. Die Masse der Arbeiter hingegen wird aus an- und ungelernten Arbeitern gewählt. In den vorkapitalistischen Gesellschaften war das Wissen relativ zum Stand der Entwicklung breiter. Der Kapitalismus hat viel Know-how zerstört. Das Handwerk verlor an Bedeutung. Dieser Trend verschärft sich im digitalen Zeitalter.

Für jene Arbeiter, die Opfer der imperialistischen Ausbeutung geworden sind, reduziert sich Marx’ Parteilichkeit auf reine Rhetorik. Grundsätzlich lehnt er es ab, in den Produktionsprozeß einzugreifen. Für ihn waren die Arbeiter, wie er betont, Arbeiter, das heißt „nur“ Arbeiter. Sie sollten arbeiten und produzieren, keinen Lohnausgleich fordern. Dafür sollen sie dem Kapitalismus zur vollen Entfaltung verhelfen. Dann im Sozialismus wird es ihnen und allen anderen besser ergehen. Die futurologische Verheißung soll von den aktuellen alltäglichen Nöten und Qualen ablenken. Für die Gegenwart, den kapitalistischen Alltag, läßt es Marx zu, daß die Ausgebeuteten weiter ausgebeutet werden. Die Unterprivilegierten sollen sich mit ihrem Schicksal abfinden, die Unterworfenen ihre Unterwerfung hinnehmen. Alles in allem wird der Status quo nicht in Frage gestellt, da der Kapitalismus mit allem, was er mit sich bringt, historisch notwendig sei.

Irrtümlich wird Marx so gelesen, als hätte er den radikalen Umsturz der Gesellschaft und die grundlegende Umwälzung der sozialen Struktur gefordert. Bei genauerem Hinsehen wollte er diese Veränderung der selbsttätigen Entwicklung der Produktionsverhältnisse überlassen. Nach ihm müssen die Verhältnisse von hier und heute so hingenommen werden, wie sie vorgegeben sind. Sozialismus ist eine zukünftige Vision, die erst eintritt, wenn die objektiven Verhältnisse ausreifen. Darum polemisiert

Marx so unversöhnlich gegen Bewegungen, die Veränderungen als aktuelle Notwendigkeit fordern. Die Auffassung von Karl Marx zu dieser Frage sei exemplarisch an nachstehender Schrift dargelegt.

„Lohn, Preis und Profit*[44]*“: In dieser Schrift (die wir an anderer Stelle[45] ausführlich analysiert haben) fordert Marx demonstrativ und offensiv die Arbeiter und namentlich „Die Internationale“ zur Akzeptanz des Kapitalismus sowohl im ganzen als auch im Detail auf: Lohnerhöhungen, Verbesserung der Arbeitsbedingungen und andere Forderungen stören die Entfaltung des Kapitalismus. Es ist nicht überzogen, Marx Arbeiterfeindlichkeit und Kapitalismushörigkeit vorzuwerfen.

---

44 MEW, Bd. 16.

45 Khella, Die erfundene Realität, Hamburg 1997, SS. 52-73

Teil 9 – Revolutionstheorie

Vierunddreißigstes Kapitel

Die Marxsche Revolutionstheorie

Inhaltsübersicht

Schwerer Rückschlag im Erkenntnisweg Karl Marx

Marx hat seine Theorie von der „Revolution“ definiert und enggefaßt. Die Vorstellungen des jungen Marx von der Revolution, die er mit 25 Jahren vertrat, hat er im Prozeß seiner Theoriebildung leider verworfen. Als er 40 Jahre alt wurde, mußte er sich selbst, den fünfundzwanzigjährigen Marx und seine damaligen Thesen als „rein idealistisch“ abqualifizieren. Bedauerlicherweise hat sich der spätere Marx mit den Ideen und Ansichten des jungen Marx nicht auseinandergesetzt, sondern einfach über sie hinweggesetzt. Er hat die Ansichten, die er als junger Kritiker vertreten hat, nie wieder aufgegriffen und selbstkritisch revidiert. Uns obliegt es, seine Ausführungen zu vergleichen und Widersprüchlichkeiten und Unvereinbarkeiten selber festzustellen.

Der junge Marx – gerade 25 Jahre alt – sah in Ideen und Kritik große Einflußmöglichkeiten und verändernde Kraft: Die Idee materialisiert sich und ergreift die Massen. Oder: Die Waffe der Kritik ersetzt nicht die Kritik der Waffen.

Der vierzigjährige Marx dachte ganz anders. Spätestens 1857 (Datum des Entwurfs) bringt er in seiner Einleitung „Zur Kritik der politischen Öko-

nomie", erschienen 1859, die Thesen zum Ausdruck, die ihn bis zu seinem ausgereiften Werk „Das Kapital" begleiteten und an denen er bis zu seinem Tod (1883) festgehalten hat.
Man kann die Entwicklung des Erkenntniswegs Karl Marx als eine Wende vom „utopischen" zum „ökonomistischen" Marx beschreiben.

Subjektlose Revolution – Begriff der „sozialen Revolution" bei Marx

Nun sind wir bei dem ausgereiften Theoretiker oder synonym beim Spätmarx. Er ist der Marx, auf den der Marxismus baut. Sein Revolutionsbegriff stellt sich wie folgt dar:

Die Geschichte findet als periodisch unterbrochener Prozeß statt. Eine Geschichte als Kontinuum besteht nicht. Vielmehr ist sie eine Abfolge tiefgreifender Diskontinuitäten. Diese Brüche sind nicht beliebig; sie treten gesetzmäßig ein. Sie markieren den determinierten Verlauf der Geschichte.
Der Begriff „soziale Revolution" ist bei Marx definiert. Sie tritt als die Ablösung einer Produktionsweise durch die folgende bzw. eines Produktionsverhältnisses durch das nächste ein.

Somit konnte der Marxismus die Zahl „sozialer Revolutionen" numerisch bestimmen. Drei sind es und zwar die historisch definierten Übergänge:
Erste soziale Revolution bezeichnet den Übergang von der „Sklavenhaltergesellschaft" zum „Feudalismus",
die *zweite* vom „Feudalismus" zum „Kapitalismus",
die *dritte* vom „Kapitalismus" zum „Sozialismus".

Die prädeterminierte Revolution

Aus dem Dogma des historischen Determinismus entwickelte Marx seine Revolutionstheorie.
Eine Produktionsweise stellt einen Widerspruch zwischen den Produktivkräften und den Produktionsverhältnissen dar. Der Widerspruch entwickelt und verschärft sich, bis er sich soweit zuspitzt, daß das Produktionsverhältnis nicht mehr aufrechterhalten werden kann. Es wird gesprengt. Jede Produktionsweise bricht am eigenen Widerspruch zusammen und wird durch eine höhere Nachfolgerin abgelöst. Der Prozeß des Zusam-

menbruches und die Ablösung einer Produktionsweise werden als *„soziale Revolution"* bezeichnet.
Diese Sicht ist identisch mit der ebenfalls Marxschen Vorstellung von der objektiven Ausschöpfung von Produktionsverhältnissen. Damit einher tritt die Zuspitzung ihrer Widersprüche ein. Das ist der Zeitpunkt der Geschichte, in dem die objektiven Bedingungen der sozialen Revolution ausreifen.

Die soziale Revolution ist objektiv angelegt. Man muß sie nicht wollen. Sie muß stattfinden. Der Marxsche historische Materialismus nennt die drei Momente, der Geschichte, wo die Revolution stattgefunden hat und stattfinden mußte. Es sind die Übergänge von der Sklaverei in den Feudalismus, vom Feudalismus in den Kapitalismus und vom Kapitalismus in den Sozialismus. Der Übergang vom Sozialismus in den Kommunismus ist nicht revolutionär, sondern evolutionär.
Die soziale Revolution ist definiert als der Zwang zum Zusammenbruch und zur Ablösung der alten durch die neue Produktionsweise. Der Umschlag bestimmt die Übergänge in der Geschichte, die dem Prinzip des „historischen Determinismus" gehorchen.
Die Willensfreiheit, die Revolution zu wollen oder nicht, spielt keine Rolle.

Der subjektive Faktor ist zwar nicht vollständig außer Kraft gesetzt, bleibt jedoch gegenüber den objektiven Bedingungen weit untergeordnet und von ihnen vollumfänglich abhängig. Diese Vorstellung hat den politisch handelnden Menschen die Initiative genommen. Sie mußten den hypothetischen Zeitpunkt abwarten. Widerstandskämpfern wurden Grenzen gesetzt, sich frei zu entscheiden und zu handeln. Wenn Marx überhaupt die Entfaltung des Kapitalismus anspricht, dann meint er, daß das Kapital soweit akkumuliert und die Produktion monopolisiert, daß am eigenen Widerspruch zusammenbricht: „Das Kapital schaufelt sein eigenes Grab".
Der Zusammenbruch des Kapitalismus am eigenen Widerspruch ist die Voraussetzung der sozialistischen Revolution, nach Marx der letzten Klassengesellschaft der Menschheit.
Wie bei jeder vorausgegangenen Gesellschaft mußte Marx konsequent die volle Entfaltung des Kapitalismus geradezu fordern. Kräfte, die sich gegen den Durchbruch des Kapitalismus und seine vollumfängliche Entwicklung stellten, wurden von Marx und Engels sogar als reaktionär disqualifiziert. Marx und Engels haben jeden Versuch zur revolutionären

Umwälzung des Kapitalismus gehemmt, ja theoretisch verhindert, weil ihrer Meinung nach nicht ausgereift. Sie begünstigten gewollt den weltweiten Siegeszug des Kapitalismus, Kolonialismus und Imperialismus.

Kritik an der Marxschen Revolutionstheorie

Marx bindet die Revolution an ein objektives Stadium, ohne dessen Erfüllung die Revolution nicht eintreten kann. Im Umkehrschluß setzt er sich vehement gegen subjektiv unternommene Versuche ein, die nach seiner Ansicht die objektive Erfüllung der Produktionsverhältnisse nicht abwarten wollen; solche richten nur Schaden an.

Wir lehnen die Marxsche Revolutionstheorie grundsätzlich ab.
Richtig ist: Selbstverständlich dürfen objektive Bedingungen nicht ignoriert werden. Dennoch sind die Menschen ihnen nicht ausgeliefert. Ihr Eingriff in die Geschichte kann die Entwicklung revolutionär geeigneter Voraussetzungen verlangsamen oder beschleunigen. Auf das subjektive Bewußtsein kommt es an. Das objektive Sein setzt Grenzen, die jedoch nicht unveränderbar und unerschütterlich sind.

Ideen haben eine mobilisierende Kraft. Die Gewinnung einer Massenbasis reicht unter Umständen aus, um reale Utopien durchzusetzen.

Das bedeutet nicht, daß diese Veränderung der Umstände nun ohne Bezug auf jene objektiven Verhältnisse geschehen könne. Falsch ist, die Veränderung abzuwarten. Richtig ist, durch Informations- und Überzeugungsarbeit den Massen zu beweisen, warum mensch für bessere Zustände eintreten muß.

Dem historischen Menschen stehen jederzeit Handlungsalternativen zur Wahl. Er kann den Geschichtsverlauf in dem Maße beeinflussen, wie er seinen Freiheitsgrad ausnutzt und erweitert. Selbstverständlich setzen objektive Bedingungen den Menschen Grenzen und binden somit den Aktivitätsfaktor. Sie sind aber nie unveränderbar oder unüberwindlich. So stehen subjektive Voraussetzungen in steter Auseinandersetzung mit dem objektiven Sein. Sie können die historische Entwicklung beschleunigen oder verlangsamen. Sie können einen falschen oder richtigen Weg gehen. Sie können Fehler machen, aber auch daraus lernen und sie bereinigen. Ein Irrweg kann sich verfestigen, die Menschen können zu lange im Irrtum verharren, bis Einsicht aufkommt, und sie aus dem Irrtum retten.

Der subjektive Faktor

Marxsche Anthropologie
Das Menschenbild von Karl Marx im Kontext seiner Revolutionstheorie

Marx kennt das historische Subjekt nicht. Der Mensch ist bei ihm eine Funktion der Wirtschaft. Er ist dem Wertgesetz unterworfen. Die „Ware" regiert mit solchem Absolutheitsanspruch, daß ihr jede andere soziale Struktur unterworfen ist. Der Mensch wird objektiviert. Marx, der sich nur zu gern gegen „platte" („falsche") und „naive" Materialisten abgrenzt, hat den Materialismusbegriff so extrem eng geprägt, daß das Subjekt verschwindet. Die Machbarkeit der Geschichte als Produkt menschlicher Entscheidungen und menschlichen Handelns wurde getilgt. Dafür treten die objektiven Bewegungsgesetze der Warenproduktion als die die Geschichte tragende Triebkraft ein. Die Allmacht und tendenzielle Omnipotenz der Warenproduktion lassen dem menschlichen Willen und der Wahlfreiheit so wenig Raum, daß sie sich in ihrem Wirkungsgrad gegen Null neigen.

An dieser Stelle können wir das Marxsche Menschenbild konkret darstellen:
Der Mensch ist nicht der Bauer, sondern die Frucht vom Baum. Er wird produziert durch die Produktionsweise und das ihr zugehörige Produktionsverhältnis. Mit der Produktionsweise verwandelt sich der Mensch: Nicht er sich, sondern die Produktionsverhältnisse verwandeln ihn. Seine Umwandlung vom Sklaven über die Leibeigenschaft bis zum Lohnarbeiter und von da bis zur Endstation des freien Menschen ist nicht eine Eigenleistung, sondern nur ein Aspekt der gesamten Produktion gegebener Produktionsweisen.

Die gesellschaftliche Entfaltung des Menschen ist kein genuin menschlicher, aktiver, selbstbewußter Prozeß der Selbstbefreiung. Während dieses Prozesses vollzieht der Mensch eine Metamorphose – Analog der Entwicklung der Produktionsinstrumente.

Es ist nicht der Wille des Menschen, der Emanzipation bewirkt. Diese kommt auf ihn zu. Der Mensch müsse keine Umsturzpläne entwickeln und Kampfstrategien aufstellen, aber er darf das Ergebnis der Entwicklung genießen. Und wie kommt das Ergebnis zustande. Die Produktionsverhältnisse entwickeln sich gesetzmäßig von der Sklaverei zum Kommunismus und mit ihnen entfaltet sich der Mensch vom Sklaven zum Freien. Bei dieser Umwandlung ist der Mensch nicht Ursache, sondern Folgeprodukt. Am Ende des Langzeitprozesses erlangt der Menschen die Emanzipation – Emanzipation für die er nicht ist.

Teil 10 – Praxis

Fünfunddreißigstes Kapitel

P r a x i s

Konsequenzen der Marxschen Theorie für die Praxis und universalistische Antithesen

Inhaltsübersicht

Einleitung

Praxis ist das spezifisch menschliche Handeln. Die bewußte Praxis ist die unmittelbare Konsequenz des Selbstverständnisses. Letzteres ist eine Ableitung aus dem eigenen Bild vom Menschen.

Das Praxisverständnis leitet sich unmittelbar vom Menschenbild allgemein und vom eigenen Selbstverständnis im besonderen ab.

Darum erlangt die Anthropologie in der universalistischen Erkenntnistheorie die zentrale Stellung.

Historischer Determinismus ist praxisfeindlich

Marx war von der Idee des Physikalismus und Objektivismus des Geschichtsverlaufs voll besessen. Nach ihm entwickelt sich die Geschichte autogen aufgrund der in den Produktionsverhältnissen angelegten Dynamik.

Auf dieser Vorstellung basiert das Dogma vom „Historischen Determinismus". Die Geschichte folgt nicht menschlichen Wünschen, sondern umgekehrt. Der Mensch folgt dem geschichtlich bedingten Wandel. Die Abfolge der Produktionsweise ist eine historische Notwendigkeit. Das heißt, sie ist unausweichlich.

Wie sehr diese Gedankengänge fest im Marxismus verankert sind, erkennt man unter anderem daran, daß der „Historische Determinismus" 1928 in der Sowjetunion staatlich verfaßt wurde.

Dem „historischen Determinismus" des Marxismus setzt der Universalismus die anthropogene Machbarkeit von Geschichte entgegen.

Die Machbarkeit von Geschichte

Marx entsubjektiviert den Menschen. Bei ihm ist der Mensch Objekt der Produktionsverhältnisse und der Entwicklung ihres Widerspruchs. Nicht der Mensch, sondern die Produktionsweise macht Geschichte. Die Produktion ist Träger der geschichtlichen Basis. Ihr gehört der Mensch als Produzent, d.h. als Teil der Produktivkräfte – bestehend nach Marx aus Menschen und Maschinen – an.

Im Marxismus werden die Menschen der Machbarkeit von Geschichte beraubt. Nicht sie, sondern die Produktionsverhältnisse sind die Macher von Geschichte. Selbsttätig bewegen die Produktionsverhältnisse den historischen Prozeß. In jedem Geschichtsstadium erzeugen sie den ihnen jeweils gemäßen Menschentypus. Die erste Klassengesellschaft erzeugte den Sklaven, der Feudalismus den Leibeigenen, der Kapitalismus den Lohnarbeiter.

Die Universalistische Geschichtstheorie rehabilitiert den Menschen als historisches Subjekt und Träger der Entwicklung.

Die universalistische Antithese zu Marx lautet: „Die Geschichte ist anthropogen". Im Positiven und im Negativen trägt der Mensch die volle Verantwortung für die Entwicklung.

Auf der anderen Seite ist der Mensch nicht nur Subjekt von Geschichte, sondern auch deren Objekt. Sein Handeln schlägt auf ihn zurück. Ist einmal ein Prozeß eingeleitet worden, so schafft er objektive Bedingungen, welche die Entwicklungen mitbestimmen.

Indes verliert der Mensch nach universalistischer Sicht nie seine Bewegungsfreiheit. Schritte, welche die Menschen einleiten, können den eigenen Freiheitsgrad einengen oder erweitern. Auf jeden Fall besteht Bewegungsfreiheit. Fehler können korrigiert werden. Einflußnahme auf den Geschichtsverlauf bleibt immer bestehen.

Der Imperialismus ist ein solcher Prozeß, den die Menschen zugelassen haben, um bald selbst seine Opfer zu sein.

Marx – Theoretiker des Klassenkampfes?
Die Legende machte aus Marx einen Theoretiker des Klassenkampfes. Dieser Mythos muß auf einem grundsätzlichen Irrtum der Marxschen Schriften beruhen.

Die Marxsche „Klasse an sich“ und „Klasse für sich“
Vor dem Hintergrund seines Menschenbildes erscheint die Marxsche „proletarische Revolution“ als eine Farce. Marx unterscheidet zwar „Arbeiter an sich“ im Kapitalismus und „Arbeiter für sich“ im Sozialismus, letzterer aber ist nur ein Produkt der technologischen Entwicklung, nicht eines genuin anthropogenen Bewusstseinsprozesses.
„Arbeiter an sich“ im Marxschen Kontext ist etwas anderes als ein apolitisch handelnder Mensch. Vielmehr ist er nur soweit entwickelt, wie es ihm der Stand der Technik erlaubt. Analog ist es bei der „Klasse“.
Der *„Mensch für sich“* verdankt seine Ausreifung dem technologischen Fortschritt.

Klassenkampf bei Marx
Die ideologische Darstellung des Marxismus präsentiert Marx als Verfechter der Klassenkampftheorie. Diese Behauptung trifft nicht zu. Bei genauerer hermeneutischer Analyse des Marxschen Gesamtwerkes stellt sich heraus, daß Marx unter Klassenkampf etwas spezielleres gemeint hat als das, was Leser unreflektiert in den Text hinein interpretieren, nämlich ihr eigenes Anliegen.

Marx war grundsätzlich gegen Arbeitskämpfe. Dazu reicht schon die Lektüre von „Lohn, Preis, Profit“ aus. Hier und anderswo argumentiert Marx leidenschaftlich gegen die willentliche Intervention der Menschen in den

– nach Marx – logisch, gesetzmäßig ablaufenden Prozeß der Produktion. Dieser seinerseits ist ein Abschnitt der final verlaufenden Geschichte.

„Klassenkampf" ist ein Begriff, mit dem Marx äußerst sparsam umgeht. Was ist denn Klassenkampf bei Marx? Darunter versteht er nicht die Willensentscheidung der Massen von Produzenten und ihre subjektive Entschlossenheit, kurzfristig ihre materiellen Lebensbedingungen zu verbessern und ihre tariflichen Forderungen durchzusetzen, langfristig die humane Gesellschaft und den neuen Menschen aktiv zu schaffen.
Das ist es ja: Marx versteht unter Klassenkampf eben nicht das, was man legitimerweise hätte annehmen wollen, wenn vom „Klassenkampf" die Rede ist.
Demnach stellt sich die Frage, was versteht Marx denn unter Klassenkampf. Seine Vorstellung vom Klassenkampf ist am besten mit der Atomkonfiguration zu vergleichen. Der Klassenantagonismus ist der Polarität von Elektronen und Protonen analog.
Tatsächlich war Marx durch den Physikalismus völlig eingenommen. Zu seiner Zeit erlangten Positivismus und Objektivismus große Faszination und damit Macht über das Denken europäischer Wissenschaftler. Sie setzten Wissenschaft gleich Physikalismus.

Auch für Marx vollzieht sich die Änderung objektiv, nicht subjektiv. Er geht von einem nomistischen Ansatz aus, nämlich daß die Veränderung in der Geschichte selbst angelegt ist. Marx geht sogar soweit, daß der willentliche Eingriff in den historisch determinierten Prozeß störend ist. Er kritisiert solche Aktionen und politische Maßnahmen, welche den Kurs der Geschichte beeinflussen, weil diese den von Marx geglaubten historisch angelegten Verlauf stören würden.
Darum ist die bewußte Kampfpraxis sowohl bei Marx als auch Engels „Voluntarismus", „Willkür" und extrem schädlich.

Um den „Klassenkampfbegriff" bei Marx zu begreifen, müssen wir von seinem Geschichtsverständnis ausgehen. Zwischen den beiden Grundklassen der Gesellschaft, den Eignern der Produktionsmittel einerseits und den Produzenten andererseits, besteht ein Produktionsverhältnis. Es ist die Entwicklung dieses Produktionsverhältnisses, welche den historischen Prozeß steuert. Das Produktionsverhältnis ist also das bestimmende Prinzip für sämtliche Bewegungen der Gesellschaft. Es ist objektiv, weil „Basis". Daraus ergibt sich eine dialektisch bedingte Veränderung, die ihrerseits objektiv ist.

Klassenkampf bei Marx ist ein Polaritätsverhältnis zwischen zwei antagonistischen Klassen. Dieser Antagonismus ist objektiv, nicht subjektiv, weil im Produktionsprozeß, enger gefaßt im Produktionsverhältnis, angelegt. Der Klassenkampf entwickelt sich selbsttätig bis zu dem Punkt der Sprengung des bestehenden Produktionsverhältnisses (= „soziale Revolution“). An dieser Stelle findet ein Umbruch statt. Das neue Produktionsverhältnis tritt ein.

Marx irrt sich!
Der Mensch im Kapitalismus ist Antikapitalist. Dem wird Marx zustimmen. Der Gegensatz wird dennoch nicht aufgehoben. Denn der Klassenkampf bei Marx bleibt systemimmanent. Er entspringt nicht dem Geist des Menschen, sondern dem Produktionsverhältnis. Er ist nicht subjektiv motiviert, sondern objektiv bedingt.

„Soziale Revolution“
Die Ablösung eines Produktionsverhältnisses durch das nächste wird im Marxismus als „soziale Revolution“ bezeichnet. Die Abfolge der Produktionsverhältnisse geschieht nicht aufgrund menschlicher Überlegungen und Entscheidungen. Sie ist objektiv angelegt und deterministisch bedingt. Was in der Menschheitsgesichte eingetreten ist, hätte nicht eintreten können, sondern hatte eintreten müssen. Das gilt ebenso für die Vergangenheit wie die Zukunft.

„Das alte Produktionsverhältnis geht mit dem neuen schwanger“ (so die Ausdrucksweise von Marx).

Die Sprengung des alten Produktionsverhältnisses und seine Ablösung durch ein neues, also die „soziale Revolution“, erfolgt selbsttätig infolge der Eigendynamik („historischer Determinismus“).

Marxsche Anthropologie (4)

Das Menschenbild von Marx im Kontext seiner Revolutionstheorie

Historisches Subjekt
Revolutionäres Subjekt
Wer macht die Geschichte?

Wer ist das revolutionäre Subjekt?
Daß eine Revolution nur von Menschen getragen werden kann ist eine selbstverständliche logische Annahme. So sieht es auch der Universalismus.
Marx sah es anders. Nach ihm sind es die Gesetzmäßigkeiten der Produktion. Die Produktionsverhältnisse produzieren nicht nur Waren, sondern auch Menschen. Die Produktionsverhältnisse produzieren – nach Marx – auch die Geschichte. Der Mensch ist nicht Subjekt der Geschichte, sondern deren Objekt. Unerbittlicher gesetzmäßiger Entwicklungsgang der Verhältnisse der aufeinander folgenden Produktionsweisen lassen den Menschen keine Wahl und keine Freiheit – bis auf die eine Wahl zu leben oder zu sterben.

Universalistische These zum „revolutionären Subjekt“
Die „Universalistische Geschichtstheorie“ ist hingegen der Auffassung: Geschichte ist das Produkt frei entscheidender menschlicher Subjekte. Sie handeln ihrem Freiheitsgrad entsprechend. In der Praxis können sie durch Fehlverhalten oder gar durch Passivität ihre Flexibilität einengen. Indes können Fehler korrigiert, der Freiheitsgrad kann erweitert werden.

Der Mensch ist das freie historische Subjekt.
Der Mensch ist Subjekt des moralischen und politischen Handelns.
Der Mensch ist Subjekt seiner Bedürfnisse, seiner Arbeit, seines Begehrens und seiner Entwicklung. Geschichte ist anthropogen.

Selbstverständlich kann der Mensch auf die Machbarkeit von Geschichte verzichten. Damit tritt er seine historische Mission an andere ab.
Die Geschichte kann von oben zuungunsten der ausgebeuteten Massen dominiert werden.
Auch dann kann der passive tätige, also der untätige Mensch, sich rehabilitieren. Die Geschichte kann wieder von unten gelenkt und gesteuert werden. Die Volksmassen können ihren Freiraum erweitern und die Geschichte bis zur völligen Befreiung bestimmen.
In der Klassengesellschaft besteht ein dauerhafter Kampf um die Herrschaft über die Geschichte. Der Klassenkampf ist ein subjektiver – nicht wie bei Marx ein objektiver – Prozeß. Auf den Organisationsgrad, die Strategie, Taktik und nicht zuletzt die Überlegenheit der Theorie kommt es an.

Der Mensch ist revolutionäres Subjekt.
Der Mensch ist Herr über die Geschichte, nicht umgekehrt.
Die Geschichte ist anthropogen.

Auch der versklavte und gedemütigte Mensch, der seiner Freiheit beraubt ist, verliert niemals letzte Möglichkeiten des Handelns. Diese können zwar begrenzt und eingeengt sein, jedoch durch die Praxis erweitert und ausgebaut werden.

Beispiel: Befreiung Haitis 1804. Die erste neuzeitliche Republik weltweit wird durch Sklaven ausgerufen. Marx hat die Sklavenrevolution auf Haiti denunziert.

Die universalistische Alternative zum „historischen Determinismus" ist der Anspruch auf die Machbarkeit von Geschichte durch den Menschen.

Es ist kein Zufall, daß wir im gesamten Marxschen Werk nirgends eine Handlungsanweisung feststellen können:
– Kolonialismus blieb für Marx ein untergeordnetes Thema. Er hat die Bedeutung des antikolonialen und antiimperialistischen Widerstandes nicht erkannt. Folglich konnte er dazu nicht aufrufen.
– Der Marxismus rief das Proletariat der Welt zum Kampf gegen die (jeweils nationalen) Kapitalisten auf. Richtig wäre, den Kampf aller gegen den europäischen Kolonialismus und US-Imperialismus als absolute und eindringliche Priorität auf die Tagesordnung der politischen Praxis zu setzen.

Aus universalistischer Sicht muß die Stoßrichtung einer jeden revolutionären Handlung gegen den Imperialismus gerichtet sein. Zentrales Thema der weltrevolutionären Bewegung kann nichts anders sein als antiimperialistischer Widerstand.

Marxismus ist praxisfeindlich

An keiner Stelle des Marxschen Werkes ist eine Aufforderung zum antikapitalistischen Kampf und schon gar nicht zum antiimperialistischen Widerstand nachzuweisen.

Anthropologie (5)

Marxsche Lehre vom Menschen und universalistische Antithesen

Fazit

Schlußbetrachtung Menschenbild bei Marx

Inhaltsübersicht

1. Marx und Mensch (Fazit)
2. Was bleibt vom Menschen bei Marx?
   Kardinalfehler des Marxschen Menschenbildes
3. Die Universalistische Anthropologie im Widerspruch zum Marxschen Menschenbild
4. Was macht den Menschen zum Menschen?
5. Der Mensch schafft sich selbst
   a) Willensfreiheit
   b) Aneignung
   c) Identität
6. Der Macher der Geschichte ist der Mensch

Marx und Mensch (Fazit)

Beim ersten Blick imponiert der Radikalismus des Menschenbildes bei Marx. Erst bei genauerer Betrachtung läßt sich eine tiefe Menschenverachtung erkennen:

1. Die Menschen werden entsubjektiviert. Nicht die Menschen beherrschen die Produktion, sondern umgekehrt.
2. Der Mensch wird der Machbarkeit von Geschichte beraubt.
3. Verkennung der Individuität: Die Menschen als Einzelne, mit ihren individuellen Lebensauffassungen, Ideen, Bedürfnissen, Emotionen, Initiativen und ihrer persönlichen Subjektivität werden negiert.

Hingegen konstatieren wir: Auch der Einzelne bewegt und wird bewegt.

Bei der kritischen Auswertung inhaltlicher Aussagen kommt es oft nicht auf das an, was steht, sondern auf das, was **nicht** steht. Wenn das Wesentliche fehlt, wird ein untergeordnetes Merkmal zum Hauptcharakteristikum. Der Gegenstand wird reduziert, verfremdet, entstellt oder gar verfälscht dargestellt.
Die Marxsche Anthropologie bietet uns ein mustergültiges Beispiel von Verfremdung durch Auslassung. Die Folge ist die Darstellung eines reduzierten Menschen, der seiner Menschlichkeit beraubt wird.
Auch in der Produktion und selbst bei Zwangsarbeit bewahrt der Mensch Menschlichkeit, Identität, Stolz und innere humane Größe.
Das Menschenbild bei Marx bestimmt sein Verständnis von Praxis

Was bleibt vom Menschen bei Marx?
Kardinalfehler des Marxschen Menschenbildes
Marx hat den Menschen nicht als Subjekt, sondern als Objekt der Produktionsverhältnisse gesehen. Er ist weder Subjekt der allgemeinen noch der eigenen Geschichte. Die Veränderung des Menschen kommt – nach Marx – durch die Veränderung der Produktionsverhältnisse.
Marx beschreibt hingegen einen Science-fiction Menschen, ein zum Zubehör der Maschine reduziertes Wesen.

Diese Betrachtung trifft nur *einen* Aspekt des Lebens im Kapitalismus, ist jedoch hochgradig verkürzt. Als Folge ist der Mensch – bei Marx – schrecklich amputiert. Marx fixierte auf ein Apokopat.

Marx erkannte sehr wohl den Einfluß kapitalistischer Produktionsverhältnisse auf die arbeitenden Menschen. Er hat die Funktionalisierung des Menschen für kapitalistische Zwecke gesehen. Aber nur dies hat er gesehen und nicht die volle Integrität, die der Mensch zu wahren sucht, allen Umständen zum Trotz, in die er wie auch immer gerät. Aber genau das begründet die Größe des Phänomens Mensch.
Der Marxsche Mensch ist nur Objekt. Daß er – was wichtiger ist – auch Subjekt ist, hat Marx überhaupt nicht wahrgenommen. Gegenstand der Marxschen Anthropologie Ist der Mensch als Objekt und nicht der Mensch als Subjekt.
Marx blickte um sich und sah nur Maschinen und Waren. Die Maschinen produzieren Waren. Eine dieser Waren ist der Mensch. Er seinerseits

arbeitet, um Waren zu produzieren. Er tauscht sich als Ware gegen Lohn ein, um Waren, die er produziert, zu konsumieren: Science-fiction Kapitalismus.

Marx hat die wahre Größe des Menschen, des arbeitenden Menschen, nicht gesehen. Nichts im gesamten Marxschen Werk deutet darauf hin, daß Marx das menschliche Wesen wirklich erkannt hat. Er schreibt, irgendwann in der Zukunft beginne die wahre Geschichte des Menschen. Also wir sind es nicht, die sie schreiben.

Die Universalistische Anthropologie im Widerspruch zum Marxschen Menschenbild

Marx, besessen von seiner Kapitalismustheorie, übersah die Integrität des Menschen und fixierte auf den Aspekt „Mensch als Zubehör der Maschine". Das ist zwar real, aber nur eine Facette menschlichen Seins im Kapitalismus. Mehr am Menschen hat Marx nicht gesehen. Das Wesen des Menschen und seine wahre Größe hat er nicht erkannt.

Der Mensch, der im Schweiß seines Angesichts sich und die Seinen ernähren muß, arbeitet, um zu leben. Aber er lebt nicht, um als „Ware" zu verkümmern. Auch bei erniedrigender, zermürbender, schlecht bezahlter Arbeit bewahrt der Mensch seine Menschlichkeit.

Viele Menschen auf dem Globus werden gedemütigt, geächtet, gefoltert und zu Tode geschunden, aber sie bleiben bei alledem Menschen. Ob in der Fabrik, auf dem Land, im Steinbruch, in Haft oder im Widerstand für die Freiheit der Völker bewahren sie bis in den Tod ihre Würde, ihr Selbstwertbewußtsein. Sie sind materiell arm, reich an Idealen und Überzeugungen.

Was macht den Menschen zum Menschen?

Es ist nicht die biologische Natur, sondern der historische Charakter, nicht die Evolution, sondern die Selbstschöpfung. Es ist nicht die Einordnung auf der Lohnliste, sondern der Geist, der nicht versilbert wird. Es ist nicht der materielle Status, sondern das Selbstverständnis macht den Menschen zu Menschen.

Es gibt auch die Menschen, die ihre Menschlichkeit aufgeben: Folterknechte, die sich von ihren Foltermaschinen nicht unterscheiden, Piloten, die Wohngebiete zerbomben, eben Zerstörer aller Art. Zu diesen zählen auch die Großkapitalisten der Rüstungsindustrie. Diese aber meint Marx nicht, wenn er von der „menschlichen Ware" spricht.

Viele geraten in Not und müssen Tätigkeiten verrichten, die sie nur des Lohnes wegen tun. Dazu zählen Fabrikarbeiter. Sie arbeiten, um zu leben, aber sie leben nicht, um ein „Zubehör zur Maschine" (Marx) zu sein. Sie müssen es, aber dafür verkaufen sie ihr menschliches Wesen nicht. Sie nutzen jede Gelegenheit, die sich ergibt, um ihre wahre Menschlichkeit zu entfalten.

Menschen, die aufrecht leben, werden häufig gedemütigt, verleumdet, denunziert und vielfachen Repressionen ausgesetzt. Sie erdulden Verfolgungen und ungerechtfertigte Strafen. Aber sie geben nicht auf. Sie sind sich ihrer nicht anerkannten Majestät bewußt: Frauen und Männer, Lohnarbeiter-, Lehrer- und Freiheitskämpfer-innen. Auch das Martyrium nehmen sie in Kauf. Das ist die Größe des Menschen, der für Lohn arbeitet, wenn er es muß. Er ist aber deshalb keine Ware Arbeitskraft.

Der Mensch schafft sich selbst

Willensfreiheit: Marx kennt die Willensfreiheit des Menschen nicht, darum erkennt er sie nicht an.

Der handelnde Mensch bei Marx ist willenlos, unfrei.
Der Marxsche Mensch handelt so, weil er so handeln muß.
Er ist in die Produktionsmaschinerie als Zubehör, als Rädchen oder Schräubchen eingebaut. Willenlos wird er gelenkt und gesteuert.

Der Mensch als Willensträger und willentlich handelndes Wesen wurde von Marx zum Scheitern seiner Theorie übersehen.
Marx kennt den Arbeiter, der bei aller Unterdrückung und Ausbeutung gleichwohl ein selbstbestimmtes Leben führt, nicht.
Von Geburt bis zum Tod ist der Mensch bemüht, seinen Freiheitsgrad zu erweitern und seine Lebensqualität den Bedingungen zum Trotz zu verbessern. Darum hat sein Leben trotz alledem für ihn und für die seinen einen Sinn. Aber genau dieser Mensch verschwindet bei Marx.

Aneignung: Entsprechend betrachtet Marx den Menschen nicht als ein bewußtes Wesen, das sich die Realität bewußt aneignet, indem er in sie eingreift und folglich sie bewußt verändert. Indem der Mensch die Wirklichkeit verändert, verändert er sich selber.

Nach Marx eignen sich die Produktionsverhältnisse den Menschen gemäß seiner Klassenlage an. Sie gliedern ihn in den Produktionsprozeß ein und formieren ihn entsprechend ihres Bedarfs.

Identität: Marx verkennt die Bedeutung der Identität für den Menschen. Der Marxmensch ist Schöpfung der Produktionsverhältnisse. Er ist identitätslos. Er schafft nicht sich selber, sondern wird – von der Produktion – erschaffen.
Der Streit mit Marx um den Menschen ist nicht nur von akademischem Interesse. Das Menschenbild ist eine Frage der Praxis, da es für die Bereitschaft des Menschen zum Handeln und Verändern den entscheidenden Einfluß übt.
Dort wo sich das Marxsche Menschenbild durchsetzt, prägt es entsprechend Sozialisation, Erziehung und Selbstverständnis des Menschen. Es beeinflußt die Ideale, mit denen sich die Menschen identifizierten. Mit seiner Anthropologie trägt Marx zur Schaffung des Typus vom „reduzierten, eindimensionalen Menschen“ bei.

Mich wundert es in der Tat, wie so viele Generationen ebenso wie die realsozialistischen Staaten „Das Kapital“ von Marx zur Grundlage ihrer politischen Bildung und Praxis erheben.
Kein Wunder, daß dieser Irrweg in die Sackgasse führt und mit dem kläglichen Niedergang des Realsozialismus enden mußte.

Darum ist die Universalistische Anthropologie bemüht, das Marxsche Menschenbild zu überwinden, den Menschen zu rehabilitieren, ihm seinen integrierten Selbstwert zurückzugeben und ihn mit der gebührenden Hochachtung anzusprechen.

Der Macher der Geschichte ist der Mensch

Der Mensch war und ist zu allen Zeiten – im Guten wie im Schlechten –der Macher von Geschichte. Genau das fehlt bei Marx und zwar total.

Teil 11 – Rezeption

Sechsunddreißigstes Kapitel

Rezeption
Der historische Irrtum –
Die Fehl-Rezeption des Marxismus

Wie sehr der authentische Marx und der ideologisierte Marx auseinanderklaffen

Inhaltsübersicht

Die Tragödie des Marxismus ist seine Faszination

Marx war keineswegs zu bescheiden, wenn er sein Arbeitsprogramm vorstellte. In bezug auf den Stand der zeitgenössischen Philosophie schrieb

er, er wolle Hegel vom Kopf wieder auf die Füße stellen. Was er mit Hegel vorhat, solle auch anderen Philosophen widerfahren.
Noch überzogener sind die Zuschreibungen seiner Anhänger, die ihn als Stifter nicht nur einer neuen Seinsphilosophie, sondern auch als Initiator einer neuen Weltära propagieren.

Eine Theorie der Wirtschaft wird zum philosophischen System verabsolutiert

Dabei wird der Anspruch erhoben, vermittels des Marxismus das Sein, die Geschichte, den Menschen – kurz die gesamte Wirklichkeit – zu erklären.

Reduktionismus – Die Wirtschaft als absolutes Erklärungstheorem

Marx selber ist solchermaßen Opfer der Entfremdung gegenüber der Wirklichkeit geworden. Das geschah genau dort, wo die Stärke von Marx vermutet wird – in der politischen Ökonomie. Er reduzierte die Ableitung auf die Gesetze der Ökonomie oder, was dasselbe ist, wirtschaftliche Motive werden bei ihm zu allgemeinen und absoluten Erklärungsmustern erhoben. Dem Kapitalismus schrieb er einen uneingeschränkten Totalitarismus, Monismus und Allgegenwart zu. Marx verabsolutierte den Kapitalismus, der alles vereinnahmt und bestimmt.
Eine Folge dieses monokausalen Denkens war es, daß Marx sämtliche Ansätze seines Denkens aus dem Kapitalismus abgeleitet hat.
Was die Wirtschaft im engeren Sinne betrifft, so war die Marxsche Analyse unzulässig reduktiv. Er sah nur den europäischen Produktionsbetrieb, hier wiederum nur den Kapitalismus, behandelte ihn aber als ein universelles System. Ihm schrieb er die Kausalität für das Weltgeschehen zu.

Die Bewegung in Geschichte, Gesellschaft, Politik und Denken wird bei Marx nicht aus der Anthropologie, sondern aus der Wirtschaft abgeleitet. Die politisch-ökonomischen Schriften mit dem „Kapital“ als Krönung hat Marx selber in den Mittelpunkt seines literarischen Schaffens gestellt. Gerade an der politischen Ökonomie müssen wir feststellen, daß der Klassiker die Universalität der Welt so aus den Augen verloren hat, daß nur noch diese ökonomische, mathematische und logische Ableitung im Mittelpunkt geblieben ist. Die Richtigkeit der Ableitung von Rekursionsformeln des Kapitals wurde als unwiderlegbarer Beweis für die Richtigkeit der Marxschen Ansätze, nicht nur in bezug auf die Wirtschaftstheorie, sondern sein philosophisches System überhaupt. Die Annahme war maßgeblich für die Rezeption des Marxschen Werkes.

Gab es eine Notwendigkeit, den Marxismus zum Staatssystem zu erheben?

Der Realsozialismus in der Sowjetunion (1917-1991) und in den anderen osteuropäischen Staaten (1948-1990) berief sich seit Gründung auf den Marxismus. Warum eigentlich? Die Frage ist legitim, denn eine Bindung an den Marxismus ist theoretisch nicht selbstverständlich und in der Praxis nicht hilfreich. An keiner Stelle bietet Marx einen Plan für den Aufbau des Sozialismus. Theoretisch ist er in vielfacher Hinsicht nicht haltbar. Der Staat entwickelt seine Politik in einer gegebenen historischen Situation und konkreten Problemlagen und nicht nach ewigen Wahrheiten, die ohnehin von Marx nicht geboten werden.
Aus welchen Gründen auch immer hat sich der Realsozialismus davor gehütet, eine grundsätzliche Revision des Geschichtsbildes von Marx und Engels durchzuführen. Er beschränkte sich auf kosmetische Verbesserungen, die das Ansehen der beiden Klassiker als Historiker nicht erschüttern sollten. Die Geschichtsauffassung von Marx und Engels wurde im Realsozialismus bis zu seinem endgültigen Niedergang 1990 unerschütterlich vertreten. Dabei müßten die Kenner doch wissen, wie unhaltbar vieles von Marx und Engels ist, wenn es kritisch geprüft wird.

Am Anfang der Rezeption war der Kurzschluß

Stalin, dem Stalinismus vorgeworfen wird, hat sich in der Tat um eine korrekte Marx-Rezeption bemüht. In seinem Werk „Die Geschichte der KPdSU“, das als Lehrwerk geplant war, widmete er dem Stoffgebiet „Dialektischer und historischer Materialismus“ einen eigenen Schulungskurs.[46] Darin verzichtete Stalin in weiten Strecken auf eigene Darstellungen, um vor allem Marx, aber auch Engels und Lenin, zu Wort kommen zu lassen. Es ist nicht einzusehen, warum Stalin das vorgeworfen wird, was auf Marx zurückgeht.
Die realsozialistischen Staaten, die zwischen 1950 und 1990 den stärksten Block weltweit bildeten, hatten größtes Interesse daran, Marx so dar-

---

[46] Josef W. Stalin, Über dialektischen und historischen Materialismus (1938), Edition, Kommentar und Kritik, in: K. Khella, Dialektischer und historischer Materialismus, Hamburg 1979, SS. 91-176.

zustellen, daß sie – durch Marx – internationalen politischen Einfluß gewinnen.
Der Realsozialismus präsentierte folglich einen Marx, der eine antikapitalistische und antiimperialistische Theorie verträte. Er böte die Ansätze, welche den Widerstand der Völker gegen Imperialismus tragen. Er sei der Anwalt aller Unterdrückten und Ausgebeuteten.

Die Attraktivität von Karl Marx beruht auf einem Mißverständnis
Klassenkampf, antiimperialistischer Widerstand, Zerschlagung des Kapitalismus, die Perspektive der Selbstbefreiung, alles gute Ideen, aber sie kommen bei Marx – in der Weise, wie behauptet wird, nicht vor. Der Nationalökonom war weder ein Kampftheoretiker noch Antiimperialist, sondern im Gegenteil: Marx war ein fanatischer Vertreter der Notwendigkeit, der Kapitalismus müsse sich voll entfalten. Nichtkapitalistische Kulturen haben erst den Leidensweg des Kapitalismus voll zu beschreiten, um die Voraussetzung für den Sozialismus zu erwerben.

Der Realsozialismus erhob einen internationalistischen Anspruch. In der Praxis war er indes auf die Europäisierung der Welt ausgerichtet.
Der Realsozialismus war mit dem Widerspruch konfrontiert, Marx zu propagieren, andererseits die Interessen der unterdrückten Völker zu vertreten. Um diesen Gegensatz aufzulösen, waren die Theoretiker des Realsozialismus bemüht, Marx mit dem antikapitalistischen und antiimperialistischen Kampf zu vereinbaren. Der wirkliche Marx verschwand hinter seiner ideologisch motivierten Interpretation.
Es stellt sich dabei die Frage, wozu eigentlich der Realsozialismus Marx brauchte? Warum hatte er sich nicht das Anliegen der Völker zu eigen gemacht, ohne Marx für diesen Zweck zu bemühen und entfremden zu müssen?
Der Eurozentrismus spielt bei der Beantwortung dieser Frage eine Schlüsselrolle. Marx, Engels und Lenin waren Europäer. Ihre weltweite Rezeption unterstützt eine europäische Einflußnahme über die internationale antiimperialistische Solidaritäts- und Kampffront.
Der Realsozialismus prägte den Ausdruck „wissenschaftlicher Sozialismus“ als Synonym zu „Marxismus“. Damit suggerierte er, daß der Marxismus den unbeirrbaren Weg zur Befreiung abzeichne. Nur über den Marxismus gelangen die Völker zur Befreiung. Er allein führe zum Ziel. Dieser Mythos herrscht leider immer noch bei Marxisten – trotz des Zusammenbruchs des Realsozialismus – vor.

Marx verdankt seine Reputation der Fehlinterpretation seines Werkes. Viele haben das Werk Marxens nicht oder nur unzureichend studiert; gleichwohl berufen sie sich darauf. Der Grund dafür ist die Annahme, Marx vertrete ihre Hoffnungen auf Freiheit. Philosophisch unterstütze er ihren Kampf gegen Imperialismus, Unterdrückung und Ausbeutung. Man kann es auch positiv formulieren: Die fehlerhafte Hermeneutik des Marxschen Werkes wirkt sich konstruktiv aus, indem Menschen glauben, der Philosoph Marx biete die theoretische Legitimation für ihre Ideale.

Die Expansion des Marxismus ist der Tatsache zu verdanken, daß er auf den Kopf gestellt wurde. Der authentische Marx hätte keine Chance auf allgemeine Akzeptanz.
In der Rezeption wurde der Marxismus auf den Kopf gesellt.
Die Marxsche *„proletarische Revolution"* wird in Literatur und Rezeption fehlinterpretiert. Sie entsteht für Marx nicht anthropogen, sondern als Folge von Produktivkraftentwicklung, als Resultat der Entfaltung der Widersprüche der kapitalistischen Ökonomie.
Aus dieser These leitet Marx die Konsequenz ab, der antikapitalistische Widerstand hemmt die Entfaltung des Kapitalismus, somit verzögert sich das Hereinbrechen des Sozialismus.

Interessengruppen wetteifern um Marx
Mit dem Tod von Karl Marx steigt seine Attraktivität. Sehr bald prägt Lenin den Ausdruck „Marxismus" und gründet damit die politische und Geistesrichtung, die Marx als deren Stifter proklamiert.
Scheinbar paradox zeigt auch der Imperialismus lebhaftes Interesse an Marx. Er unternimmt die Initiative, das Marxsche Werk, insbesondere das Kapital zu verbreiten, in andere Sprachen zu übersetzen und zu propagieren. Das Paradoxon täuscht. Es ist nur logisch, wenn Kapitalismus und Imperialismus das Werk von Karl Marx fördern. Er lehrt „Kapitalismus sei notwendig und müsse sich entfalten". Das Kapitalismuskonstrukt lenkt vom eigentlichen Widerspruch der Lage, dem Imperialismus, ab. Marx verbreitet sich rasch. Die stärkste Lobby weitweit steht auf seiner Seite.

Unmittelbar nach der Besetzung der Philippinen (1899) durch die USA wird die Übersetzung der Marx-Werke ins Spanische in Auftrag gegeben. Auftraggeber sind die USA. Die spanische Ausgabe erschien bereits 1902 und wurde in den Philippinen massenhaft abgesetzt. Auch in anderen Ge-

bieten, wo Spanisch gelesen wird, konnte Marx für wenig Geld erworben werden.
Warum tut dies der Imperialismus? Die Antwort liegt auf der Hand. Marx propagiert die Entfaltung des Kapitalismus und seine Globalisierung. Er ist grundsätzlich gegen den antikapitalistischen Kampf eingestellt.

Teil 12 – Hermeneutik

Siebenunddreißigstes Kapitel

Zur Hermeneutik des Marxschen Werkes Marx richtig verstehen!

Inhaltsübersicht

Zum Begriff „Hermeneutik“

„Hermeneutik“ ist „Verstehen“. Hierbei muß „Verstehen“ enger gefaßt werden. „Hermeneutik“ bedeutet, den Text so zu verstehen, wie sein Autor ihn meint. „Hermeneutik“ heißt also „im Sinne des Autors seinen Text verstehen; immanent“. „Hermeneutik“ ist nicht Exegese, Kommentar oder Interpretation, wie meist gedacht wird.

In bezug auf Karl Marx bedeutet „Hermeneutik“, wir verstehen Marx, wie er sich selber verstanden haben wollte. Noch strenger: Was sagt der Text von Marx ohne jede Einflußnahme von Außen, etwa vonseiten der Interpreten, der Anhänger oder Gegner.

Die hermeneutische Methode
Wenn mensch einen ihm bisher unbekannten Gegenstand beobachtet und ihn verstehen will, entsendet er intellektuelle Strahlen zum Gegenstand. Diese kommen mit Informationen über den Gegenstand zurück. Mit Hilfe seines eigenen Vorwissens, das im Gehirn bereits gespeichert ist, versucht der Betrachter das Neue am Objekt zu erkennen. Es wird identifiziert und gewertet. Folglich wird es der Gattung von Phänomen, in die es gehört, zugeordnet.

Zweierlei bestimmen den Vorgang des Kennenlernens des Neuen. Vor-Vorstellungen des Betrachters und die besonderen Aspekte des Neuen. Das Kennenlernen des Neuen ist also nicht voraussetzungslos.

Dieser Vorgang – der Weg der Hirnrezeptoren zum Gegenstand und ihr Rückweg mit Informationen – wird „hermeneutischer Zirkel" genannt. Er bezeichnet den universell gültigen Vorgang des Verstehens. Neues wird durch älteres, im Gehirn gespeichertes Wissen, identifiziert und erkannt. Der „hermeneutische Zirkel" als Erkenntnisweg ist unverzichtbar. Es gibt keine andere Möglichkeit, Neues zu verstehen.

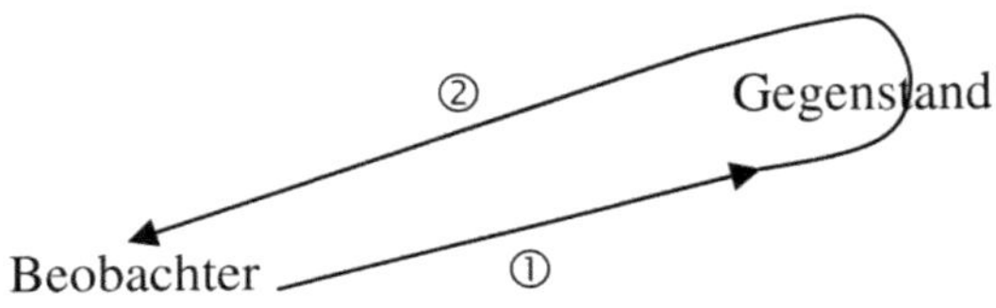

Schematische Zeichnung zur Arbeitsweise des hermeneutischen Zirkels

„Geschlossener" und „offener hermeneutischer Zirkel"
Der Betrachter empfängt Informationen, auf deren Basis er das unbekannte Objekt deutet. Er glaubt, die Deutung des Gegenstands rührt vom angeschauten Phänomen her.
Die hermeneutische Nachprüfung kann zu einem anderen Ergebnis kommen und beurteilt das Ergebnis kritischer. Die Menschen sind selten dessen Gewahr, daß sie zwar Neues konstatieren und deuten, ihr Urteil steht jedoch im voraus fest. Begründung: Zur Deutung des Neuen verwenden die Menschen Erklärungsmuster, die sie schon vor der Begegnung mit

dem Neuen, besitzen. Sie reflektieren Vorwissen auf den neuen Gegenstand und verstehen ihn nicht so, wie er wirklich ist, sondern wie ihre Erklärungsmuster ihn deuten. Die Betrachter sind nicht unvoreingenommen. Ihre Vorannahmen werden auf neue Beobachtungen projiziert. Sie werden im Sinne von im voraus stehenden Mustern begriffen.
Diese Variante des Verstehens bezeichnen wir als
„geschlossenen hermeneutischen Zirkel".

Der „geschlossene hermeneutische Zirkel" bewirkt, daß der Beobachter (unbewußt) sein Vorverständnis auf den neuen Gegenstand reflektiert. Als Folge empfängt er seine vorgeprägte Meinung zurück.
Die kritische Nachprüfung ermittelt: Die Betrachtung ist nicht unvoreingenommen. Sie ist durch Erklärungsmuster, die im Kopf des Betrachters gespeichert sind und auf das Phänomen projiziert werden, bestimmt.
Die Frage, was im Gehirn des Beobachters zuerst bestanden hat; der objektive Charakter des Phänomens oder seine subjektive Deutung war, ist Gegenstand der Theorie vom „Hermeneutischen Zirkel".
Natürlich ist man dem „geschlossenen hermeneutischen Zirkel" nicht machtlos ausgeliefert. Er kann aufgebrochen und geöffnet werden.

Der geschlossene hermeneutische Zirkel zerstört die Theoriebildung
Jede Theorie hat die Tendenz, sich selber zu bestätigen. Von diesem Phänomen ist der Marxismus gezeichnet, doch viel extremer als andere Theorien. Wenn man die Eingangsvoraussetzungen auf die weiteren Denkschritte anwendet, bestätigen die Ergebnisse die Axiome. Beispielhaft dafür ist das „Kapital" von Karl Marx. Rekursionsformeln sorgen – so lange sie gelten und fehlerfrei berechnet werden – für die Konformität der Resultate mit den – hypothetischen – Voraussetzungen.
Erkenntnisinhalte des Marxstudiums sind Nomismus, Mechanismus, Entsubjektivierung, spekulativer historischer Determinismus, Vertagung der Hoffnung auf unmittelbare Veränderung in die Zukunft.

Hermeneutischer Zirkel der Marxschen Philosophie
Der Marxismus schien seinen Anhängern nicht nur plausibel, sondern auch unwiderlegbar zu sein. Bei seiner Verwertung als Erklärungsmuster für gesellschaftliche Phänomene fühlen sich die Anwender in der Überzeugung von der Richtigkeit des Marxismus indiskutabel bestätigt.

Das besondere hermeneutische Problem beim Lesen von Marxwerken

Viele Menschen entscheiden sich für den Kampf gegen Ausbeutung und Repression. Für diese Ziele nehmen sie den Widerstand auf. Dazu brauchen sie Handlungsanweisungen. Sie bemühen sich um theoretische Hilfe. Diese suchen sie bei Gewährsleuten, von denen sie eine Unterstützung erwarten. Darum lesen sie Marx. Daraus versprechen sie sich eine theoretische Orientierung und autoritative Legitimation.
Wenn das Studium klassischer Werke die Erwartungen von Ratsuchenden nicht erfüllen, neigen diese dazu, ihre Hoffnungen in die Texte der selbstgewählten Meister hineinzuprojizieren.

Marx ist ein klassisches Beispiel dafür, wie die Ratsuchenden ihre Hoffnungen mit großer Intensität in Texte hineininterpretieren. Darum finden sie das, was sie suchen. Sie meinen die Wahrheit gefunden zu haben. In Wirklichkeit haben sie ihre eigene erfunden, aber einem Gewährsmann in den Text gelegt („geschlossener hermeneutischer Zirkel").
Das positive Vorurteil gegenüber Marx besetzt sehr bald auch sein Begriffsinstrumentarium und seine Analysen.
Dieser Prozeß erfolgt auf Kosten einer korrekten Hermeneutik. Seine große Popularität verdankt Marx diesem fundamentalen hermeneutischen Irrtum. Seine Texte wurden in eine für den Klassiker günstige Lesart umgegossen. Sein Ruhm basiert auf einem Mißverständnis.
Gerade bei Marx ist die hermeneutische Frage aktuell geworden. Er ist vor allem Opfer seiner eigenen Anhänger. Im Rückzug sind seine Sympathisanten seine Hauptopfer geworden. Aus politischen oder missionarischen Gründen präsentierten sie einen Marx, der er nicht ist.

Hermeneutischer Abstand ist notwendig

Hermeneutik ist Schutz und Selbstschutz. Oft gehen Leser an einen Lesestoff mit gewissen Erwartungen heran. Jedenfalls sind sie selten unvoreingenommen. Sie projizieren Vorstellungen in den Text herein und finden sie wieder, ohne sich dessen bewußt zu sein. Sie glauben, die Inhalte stammen vom Autor, in Wirklichkeit sind die Leser selber die eigentlichen Erfinder ihrer Wahrnehmungen, die sie dem Autor zuschreiben.
Marx ist ein Paradebeispiel eines Opfers mangelnder Hermeneutik. Natürlich profitiert das Opfer durch die positiven Erwartungen, die in sein Werk hineinprojiziert werden. Real sind die Täter die Opfer. Die Leser schaden sich selber.

Vor dieser Falle kann nur der hermeneutische Abstand schützen. Er ist bei jeder Lektüre notwendig.
Im Kapitalismus und Imperialismus leben die Menschen in Repression und Ausbeutung. Sie werden gelenkt und manipuliert. Lehrer werden im Sinne des Imperialismus ausgebildet. Sie reproduzieren seine Lehre als Klassenziele. Es sind manipulierte Manipulatoren und gesteuerte Multiplikatoren. Marx ist kein Tabuthema. Sein geistiger Einfluß hat zwar mit dem Niedergang des europäischen Realsozialismus einen schweren Schlag erlitten, ist aber nach wie vor stark. Menschen, die mit den Widersprüchen von Imperialismus und Kapitalismus konfrontiert sind und verändern wollen, meinen, dazu müssen sie unbedingt Marx studieren. Sie glauben fest, Marx vertritt Ihre Hoffnungen auf Freiheit, Gerechtigkeit und Humanismus.

Notwendigkeit der „Universalistischen Erkenntnis- und Geschichtstheorie"

Die „Universalistische Erkenntnis- und Geschichtstheorie" ist nicht in dem Sinne eine Theorie, wie andere Theorien Theorien sind. Während Theorien die Tendenz aufweisen, sich selber zu bestätigen, stellt die Universalistische kontinuierlich sich selbst in Frage. Mit jedem erneuten Erkenntnisvorgang und der Gewinnung neuer Fakten prüft die Universalistische, inwieweit das Erkenntnissystem und das Faktenmaterial miteinander übereinstimmen. Berechtigte Widersprüche veranlassen gegebenenfalls zur Revision und Korrektur. Der Universalismus ist prinzipiell als offenes System aufgebaut. Gleichwohl liefert er bewährte Grundsätze des Denkens und würdigt Weisheiten, die aus den langen Erfahrungen der Völker hervorgegangen sind.
Die „Universalistische Erkenntnis- und Geschichtstheorie"[47] ist ausgesprochen anthropozentrisch, darum auch humanistisch.
Hervorgegangen ist der Universalismus aus einer langwierigen, sorgfältig durchgeführten Auseinandersetzung mit dem bisherigen Theorieangebot. Es sind die Mängel und Lücken der verfügbaren Theorien, welche die Suche nach einem neuem Weg zur Theoriebildung veranlaßt haben. Der Universalismus seinerseits erhebt den Anspruch, die Theorielücke des Erkenntnissystems zu schließen.

Das vorliegende Werk stellt das Marxsche philosophische System auf den Prüfstand. Der Universalismus bemüht sich um ein faires Urteil über den

[47] Khella, Universalistische Erkenntnis- und Geschichtstheorie, Hamburg 2008.

Marxismus. Wir machen es uns in der Auseinandersetzung mit philosophischen Systemen nicht leicht. Unser Werk über „Leben und Werk von Karl Marx“ gestaltet sich in drei Bänden:

1. Khella, Karam, Mythos Marx – Eine Geschichts- und Theorierevision, Eine kritische, wissenschaftshistorische und politische Biographie, Hamburg 1995 = Khella, Karl Marx – Leben und Werk, Band I, Hamburg 1995.
2. Khella, Karam, Die erfundene Realität – Die marxistische Wirtschaftstheorie – Kritik der Kritik der politischen Ökonomie, Hamburg 1997 = Khella, Karl Marx – Leben und Werk, Band II, Hamburg 1997.
3. Khella, Karam, Die Menschen bei Marx – Kritik des Marxschen Geschichts-, Welt- und Menschenbildes – Universalismus und Marxismus im Vergleich, Hamburg 2011 = Khella, Karl Marx – Leben und Werk, Band III, Hamburg 2011.

Es bestehen erhebliche Widersprüche zwischen Universalismus und Marxismus. Im vorliegenden Band werden die beiden Makrotheorien im einzelnen und als Gesamtsystem miteinander kontrastiert und verglichen. Inwieweit das Marxsche theoretische System der Kritik standhält, werden Leserinnen und Leser selbst beurteilen
Marx liefert ein Denksystem, das von der Verabsolutierung der Ökonomie ausgeht. Hier wiederum steht die Berechnung der Bewegung der Warenproduktion, also nicht der Mensch, im Mittelpunkt. Nach Marx ist nicht der Mensch, sondern die Ware der Motor der gesellschaftlichen Dynamik. Im weiteren leitet Marx seine Geschichtsauffassung und Gesellschaftstheorie allein aus der Ökonomie her. Der Mensch ist Objekt der Produktionsverhältnisse, nicht umgekehrt. Diese wiederum entwikkeln die in ihnen innewohnende Dynamik bis hin zum historischen Determinismus. Die Marxsche Geschichtsauffassung ist subjektlos. Im Kern lehrt Marx: Die objektive Eigendynamik der Geschichte bricht menschlichen Willen und subjektives Handeln. Bedauerlicherweise hebt Marx seine Elfte These ad Feuerbach, die er noch als Jugendlicher aufgestellt hat, auf. Sie hätte Grund zum Optimismus über die geistige Karriere des Philosophen geben können. Die ausgereifte Marxsche Theorie ist subjekt- und praxislos.

Die Universalistische Geschichtstheorie lehrt: Geschichte ist anthropogen. Sie ruft zum unmittelbaren Handeln auf, wobei bestehende Bedingungen selbstverständlich nicht ignoriert, sondern berücksichtigt werden müssen. Der Mensch – als bewusstes Subjekt – ist Herr über seine Exi-

stenzbedingungen. Planmäßig und programmatisch hat er sie zu verändern, lenken und steuern, um vorgegebene Ziele zu verwirklichen.
Auch wenn die Spielräume solchermaßen extrem eingeengt sind, ist der Mensch aufgerufen, seinen Freiheitsgrad zu erweitern. Die Welt ist erkennbar. Die Welt ist jederzeit unter der Voraussetzung veränderbar, daß die Menschen die Veränderung wollen. Die Handlung ist nicht objektiv determiniert. Sie ist eine Willensentscheidung.

Die Revolution entsteht erst im Kopf – als Bewußtseinsvorgang. Darum bestimmt Bewußtsein das Sein. Sie ist nicht objektiv, sondern subjektiv bestimmt.

Emanzipation findet unmittelbar als ein selbstbestimmter Bewußtseinsakt statt. Theorie und Praxis sind unzertrennlich. Erkenntnis im Handeln umzusetzen ist eine Willensentscheidung.
Das Sein ist multidimensional. Marx hat nur eine einzige Dimension erkannt und darauf fixiert. In dieser Eindimensionalität schult der Marxismus seine Sympathisanten.
Der Universalismus erkennt die Vieldimensionalität der Wirklichkeit an und bemüht sich, ihr theoretisch gerecht zu sein.

Revolution hier und jetzt!

Quellen

MEW, Marx-Engels-Werke, 42 Bde und Ergänzungsbände, Berlin (DDR) 1956 ff.
MEGA: Marx-Engels-Gesamtausgabe, Berlin (DDR) 1975 ff.

Die Besprechung der Marx-Engels-Ausgaben findet sich im ersten Band der Trilogie, Khella, Karl Marx – Leben und Werk, Bd. I, SS. 35-38. Bevorzugt wird die MEW benutzt. Die MEGA wurde zweimal aufgelegt. Die erste und die zweite MEGA (1975 sqq) weisen interessante Differenzen auf, auf die wir hingewiesen haben. Letztere nahm die Briefe an Marx auf.
Andere zitierte Werke werden an der Bezugsstelle angegeben.

Personen-, Orts-, Sach- und Stichwortregister

Zur Geschichts- und Theorierevision:

Karam Khella

Mythos Marx

Band 1

ISBN 978-3-921866-62-7
160 Seiten
14 €

Selten klafft authentische Geschichte und späterer Mythos so extrem auseinander wie bei Marx. Legendenbildung ist nicht selbstlos. Was wollte und was vertrat der Begründer des Marxismus und was haben Überlieferungen und Rezeption aus ihm gemacht? Welche Bedeutung hatte Marx in seiner Zeit und welche Aktualität hat er heute?
Eine Lehre suchte nach einem Begründer und sie hat ihn gefunden.

Karam Khella

Die erfundene Realität

Band 2

ISBN 978-3-921866-72-6
184 Seiten
14 €

Die erfundene Realität ist die Hauptursache ihrer Verwirklichung. Marx glaubte, Gesetzmäßigkeiten des Kapitalismus entdeckt zu haben. Der Marxismus schreibt ihm zu, den Kapitalismus aufgeschlüsselt und seine Bewegungsgesetze ermittelt zu haben. Seitdem wird der Bestand des Kapitalismus geglaubt. Marx war der Meinung, dem rationalen Keim der gesellschaftlichen Realität auf die Spur gekommen zu sein. Er hat den Kapitalismus erfunden, ohne sich des Akts der Erfindung bewusst gewesen zu sein. Ist der Kapitalismus einmal im Kopf entstanden, verkörpert er sich real. Der Kapitalismus ist ein Konstrukt. Marx ist einer seiner bedeutsamsten theoretischen Urheber. Die Praxis muss das Problem lösen, d.h. das Konstrukt beseitigen, das real geworden ist. Die Scheinrealität hat die Realität verdrängt.